この人を見よ❸

マリ・キュリー

桶谷繁雄著
朝倉　摂絵

童話屋

この伝記を読む人に

わたしは一九三五年の第一回フランス旅行以来、フランスで、その研究を花と開かせたキュリー夫人の生涯と、フランスの生んだ大科学者パスツールに興味をそそられていました。

さいわい、キュリー夫人については、わたしの恩師が、この本にも出てくるフレデリック・ジョリオと同級生で、そちらからいろいろと貴重な話を聞くことができました。

パストゥールについては、すでに一冊の本を書きましたが、第二回のフランス旅行から帰って三年たったいま、たえず心にあったキュリー夫人伝を書きあげて、たいへんうれしく思うのです。

少年少女諸君のための「キュリー夫人伝」は、いままでにたくさん出版されています。しかし、その多くが、科学専門でないかたがたが、キュリー夫人の娘エーヴが書いた「キュリー夫人伝」のあらすじをまとめただけのもののようです。

その点、わたしには不満が少なくなかったのです。

この本を読んだかたは気がつかれるでしょうが、わたしはキュリー夫人について「天才」ということばを、一度もつかいませんでした。

それは、こうしたことばをかるがるしくつかうことにわたしは反対ですし、日本の少年少女諸君も、頭がよいということのうえに、大きな努力と、うまく機会をつかむ能力を持つならば、キュリー夫人の高さにまでたっすることが、けっしてできないことでないと考えられるからです。

その人の生涯の業績の結果を見て、これはたしかに天才だと判断するのはよろしいでしょうが、はじめから、キュリー夫人は天才のひとりであるなどとわたしは書きたくありませんでした。

キュリー夫人は、女学校を卒業するころから、一家の貧しさからくる苦しみをせおい、多くの悲しみをのりこえ、一生そのたゆまぬ努力を科学の研究に集中して、あの偉大な仕事をなしとげたのです。

わたしは、この事実をみなさんといっしょに考え、ほんとうの天才とは、このようなものであることを知っていただこうと思いました。ソルボンヌ大学で一番の成績をとるのは、たしかに偉いことですが、日本の有名な大学で一番をとるのと、その間のむずかしさに、たいした差はありません。

しかしながら、それからのキュリー夫人の、科学へそそいだ愛と努力には、頭がさがります。これあればこそ、ひとりの天才が生まれたのだとわたしは思います。

キュリー夫人が発見し、名をつけた「放射能」ということばは、ビキニの水素爆弾の影響をうけた日本人のすべてが知っていることでしょうし、またソヴィエト連邦〔現在のロシア〕では、原子力発電を成功するなど、キュリー夫人の時代にくらべて今日は、放射能につながるあらゆる学問が、めざましい発達をとげているのですが、なんといってもその基礎になるものは、この本の中に書かれたキュリー夫人の仕事であることを忘れてはならないでしょう。

なお、キュリー夫人は研究問題として、どんなテーマでもえらべたのに、なぜベックレルの発見した「ベックレル線」をえらんだか。またポーランド娘であったキュリー夫人が、どうしてフランス人のピエール・キュリー氏と結婚したのか、そうしたいきさつも書いてみました。こうしたことは、娘さんのエーヴ嬢が書かれた「キュリー夫人伝」とすこし見かたがちがっています。けれどわたしはこれでよいのだと思います。そしてこの本を読み、キュリー夫人の生涯に興味を持たれたかたは、大きくなられたら、どうか右にのべたエーヴ嬢の「キュリー夫人伝」(白水社版)を読んでください。

科学が、わたしたちの毎日の生活に密接にむすびつくようになったのは、人類の歴史はじまって以来、今日ほどはなはだしいことはないでしょう。こうした時代にこそ、日本の少年少女諸君が、科学につよい関心をよせられることを願ってやみません。そして、キュリー夫人というひとりの科学者が、みずからの道を開くために、どれほど苦しまねばならなかったか、科学の成果をいかに人類の幸福のために役だてようと思ったか、これらの点をこの本から読みとってくださるならば、著者としてこれ以上の喜びはないのであります。

一九五四年十月

東京工業大学金属工学教室
桶谷繁雄

目次

第五章　新しい人生へ

第六章　ラジウムの発見

マリ・キュリー

第一章　パリに来たマリ・スクロドフスカ

あこがれの都

　つつましい、さっぱりとした身なりのひとりの娘が、ドイツからついたばかりの国際列車から、荷物を両手にさげて降りて来た。すすでよごれた顔には、寝ぶそくからくる疲れがありありと見えたけれど、パリの北停車場のプラットホームに立ったこの娘の全身には、長い間あこがれていた都に、いまやっとついたという喜びがあふれていた。それでも、なにか心細げに、迎えの人が来てはいないかと、あちこちを見まわしている。

「お嬢さん、ごめんなさい。」

　大きい声でどなられ、おどろいてふりかえると、だぶだぶの仕事着を身につけた荷物運搬人が、山のように積まれた手押し車を押して行くのである。娘の両手には大きなトランクが一つずつさげられていたが、重くて手が抜けそうである。

その時、

「マーニャ、マーニャ。」

と呼ぶ声がする。

「ああ、カジミール。」

「おお、マーニャ。よく来たね。」

ひげむじゃの大がらの若い男が駆けよって来る。いそいで両頬に接吻して、娘の荷物を持ってやった。ぞろぞろと出口の方に向かって進んで行く人波の中で、のどにひっかかるようなポーランド語で、このふたりはみじかいことばをかわすのであった。

「おとうさんは元気？」

「ええ。」

「ブローニャは？」

「ねえさんも元気よ。もうすこし向こうに滞在しますって伝えてくれといってましたわ。」

切符をわたして出れば駅の大きなホールであり、そこにたくさんの人が右往左往し、ぷうんと、なにかほのかな香気がただよっているのは、婦人たちのつけている香水のせいかもしれない。

「ああ、これがパリなのだわ。」

頬のまっ赤な、マーニャと呼ばれたこのいなか娘は、そっとつぶやいた。

ホールを出たところに、一台の辻馬車が待っていた。それに乗りこんだカジミールは、「ドイツ街。」といった。この北停車場からはあまり遠くないところである。ぎょ者が大声でたずねた。

「ドイツ街も長いけど、何番地ですかね。」

「九十二番地だ。」

「じゃあ、ラファイエット通りをまっすぐに行くと右側だね。」

馬車はがたがたと舗道の上を動きだした。

「マーニャ、疲れただろ。」

カジミール・ドルスキーはそういって、妻のブローニャの妹である、二十四歳の娘の顔をのぞきこんだ。ふつうの娘なら、このくらいの年になればだれもがお嫁に行っているのに、口数の少ない義妹はパリに出て、しっかり勉強したいという。子供のころからすこしかわりものだと聞いていたけれど、ますます偏屈になったらしい。しかし気だてはやさしい子だから、すきなようにさせるのがいちばんよいのではないだろうかと、ドルスキー博士はそんなことを考えていた。

がたんと馬車はとまった。七階建てのまだ新しい建物が目の前にある。マーニャはいそいそと車から降りて建物を見あげた。

「にいさんのアパートはこの中にあるの、りっぱじゃないの。」

「こうなるまでには、ちょっとくろうしたのだがね。」

ドルスキーは、ぎょ者に手つだわせて荷物をへやの中に運ばせた。待合室のようなへやである。

「ここで患者が待つのね。」

「ああ、ここが診察室だよ。」

ドルスキーは先に立ってマリを案内した。すべてが質素ではあるが気持よく飾られ、せいとんされている。姉のブローニャの性格がそのままあらわれていると思った。

「ブローニャのるすの間は、マーニャに食事のことを万事やってもらいたいんだけど、今夜だけはこの近くの料理屋に行こう。すぐそばに解体場があるので、パリでいちばんよい肉を安く食べられるのだ。だがそれまでは顔を洗って眠ることがだいいちだ。そら、これがマーニャのへや。」

見せられたへやは小さかった。寝台と机といす。それだけしかないけれど、通りのうるさい馬車の音も聞えず、しずかで勉強にはよさそうである。

「わたしは診察に出かけなければならないから、ゆっくり休みなさい。それからたいせつなのはかぎだ。この大きいのが入口のドアのかぎ。右へ二回まわしてから左に一回まわすのだよ。これは、マーニャのへやのかぎ。ワルソー（ワルシャワ）とちがってパリでかぎを失ったらとてもこまるからたいせつにするんだね。」

ドルスキー博士は必要なことをいってしまうと、マリの額のところに軽い接吻を与え、へやを出て行った。

マリは洗面台の上に乗っている水さしから水を洗面器にうつして、ゆっくりと顔を洗い、髪にくしを入れた。そしてふと思いたったように、窓を開いて外を眺めた。見わたすかぎりの屋根、屋根、屋根。その上に、冬の早くるポーランドでは、もう見ることのできなくなった青空がのぞいている。一八九一年九月末のパリの町はひっそりとしずかであった。

とんとんとドアをたたく音がして、ドルスキー博士の声が聞える。

「マーニャ。もうそろそろしたくをしなさい。わたしは腹ぺこだよ。」

マリはその声にとびおきた、「ああ、わたしはパリにいた。」眠っている間に、ポーランドで暮らした日々のことを夢にみていたマリは、そうことばにだして自分にいいきかせるのである。

「はい、すぐに行きます。」

マリはいそいでしたくをした。トランクの中からあまりポーランドづくりらしくない、マリのいちばん気にいっている服を出して着た。

町に出ると日は暮れている。ワルソーにさえまだないガス燈があかあかと道を照らしている。ドルスキー博士とすこし歩いて行くと、町かどににぎやかな一軒の店があった。

「あの家だよ。わたしはブローニャが出かけてからいままで、毎日あそこで食事をしていた。この町内の人が夜になると集まって来るカフェー兼料理屋で、やすくておいしい食事を出してくれる。」

そんな話をしながらドルスキー博士はその店のドアを開いた。一同がふりかえって、

「こんばんは、先生。」

という。ドルスキー博士も片手をあげてあいさつし、奥の方にすでに二人まえの食器のならべられてあるテーブルの前にすわった。

「こんばんは、先生。このお嬢さんが奥さんのお妹さんですかい。」

鼻の赤いふとった主人がそばに来ていう。マリは、この料理屋にいる人々の、医者の義兄を見る目から、義兄がこの町では尊敬され、愛されている医者であることを知ってうれしかったし、食事もおいしかった。辻音楽師がアコーデオンを鳴してはいって来て、いくつかの美しいシャンソンを歌った。こうして、マリ・スクロドフスカのパリの第一夜はふけていったのである。

自由の国

翌日、ぐっすりと眠ってすべての疲れから癒えたマリは、かいがいしく姉のブローニャからいわれたとおり、へやのそうじや義兄の朝食のしたくをはじめた。

パリ式に、朝食は大きなどんぶりのようなちゃわん一ぱいのミルク・コーヒーに、パン、それにバタとジャムをお盆の上に用意して台所におけば、ドルスキー博士はそこでかってに食事をすます。その間にマリはどのへやもていねいにそうじをする。

「マーニャ。どう、パリは気にいったかね。」

食事中のドルスキー博士は台所から大きな声でマリに問いかける。

「すばらしいわ。」

マリはかろやかに答えた。この義兄の住む町は、地図で見るとパリの北東のすみにある労働者の町だ。しかし、ワルソーあたりの労働者街とちがって、ここでは万事清潔で、人々はゆたかに見える。これが自由の国フランスなのだわとマリは考えた。フランス大革命以来、フランスでは人権は尊重され、労働者とてもその技能に応じた給料をうけて生活を楽しんでいる。ポーランドとはたいへんなちがいである。ポーランドの人々は二十四にもなってまだお嫁に行かないでいるマリを、じろじろと意地わるそうに眺めるし、ワルソーで家庭教師をしていた時、そこの家の人は、「この家庭教師は容貌もわるくないのに、どうしてこんな年になるまでお嫁に行かないのだろうか。」といった顔つきでマリを見たものだ。そういうポーランドからはなれて、やっと自由の国にのがれ出し、これからは思うような勉強ができる。これが口には出さないがマリの考えていることであった。

すべての用事をすませたマリは、自分が入学したいと夢にまでみたソルボンヌ大学を、一刻も早くこの目で見たいと思った。そして、ドルスキー博士に地図を書いてもらい、乗合馬車の番号もよく聞いて町に出た。ソルボンヌはセーヌ川の向こう岸である。がたがたと音をたてて走る乗合馬車の屋上席から、マリはひしめきあっている通行人を、パリの灰色にくすんだ建物を、九月末だというのに、

まだ青々とした葉をつけているマロニエの並木の列を眺めていた。馬車はゆっくりと走り、とまるたびに、たくさんの人が乗り降りする。そのうちに目の前がぱっとひらけて、向こうにまっ白い橋が見えた。

「あっ、セーヌ川。」

ぱっかぱっかぱっかぱっか。ひづめの音も軽く馬車は橋にさしかかる。上流も下流も、たくさんの船が走っており、川岸は美しい散歩道になっている。橋をわたりきると植物園である。高い鉄さくの向こうの広々とした芝生の庭園で子供たちが遊んでいる。商店街がある。本屋がならんでいる。

「サン・ミシェル、サン・ミシェル。」という車掌の呼ぶ声に、マリはあわてて馬車からとび降りた。

ドルスキー博士の地図では、このサン・ミシェルという町の四つかどで降りれば、すぐソルボンヌ大学なのだが、見まわしてもどこにもそんな建物は見あたらない。通行人にたずねればよいのだけど、ポーランドにいた時にあれほど自信を持っていたフランス語だが、パリに来てからは口に出す勇気もない。しかし思いきって、通りかかった買い物帰りらしい老婆に、

「ソルボンヌ？」

と問いかけた。「ソルボンヌはどこですか。」という、ちゃんとしたフランス語が頭の中にあるのだが、ことばになって出ないのである。

老婆は、外国人らしいこの娘に、だまってその方向を指さした。

「ありがとう。」

といってマリは、ゆるい傾斜の広い通りをつま先上がりに歩いて行った。カフェーのかどを通りすぎると、左手の奥に大きな黒ずんだ建物が見える。あっ、あれがソルボンヌだ。胸をとどろかせて近づくと、いかめしい装飾にふちどられた入口には、「パリ大学」と書いてある。マリは目をつぶるようにして、心をおちつけながらその階段を上がって行くと、大理石を敷きつめ、豪華なシャンデリヤのさがっているホールがあり、「入学手続き」と書いて矢印の出ている方向に、廊下は広く曲がりくねっている。そしてその壁にはキュヴィエ、ラヴォアジェ、フルーランスなどフランス科学史上偉大な学者の生涯の、劇的な感動にみちた一場面が美しく描かれてある。マリはそういうものを眺め、心をおどらせながら、事務所にたどりついて入学願書をもらい、その手にしっかりとにぎった。

これでまず、一つの用事はおわった。マリは、それからあちこちとソルボンヌの大きな建物の中を歩きまわり、小さな出口があるのでそこから外へ出た。ちょうど坂の中央で、左手の方にだらだらと下っている。その方向に、絵葉書で見覚えのある大きな教会の建物が見える。

「あれがノートルダムだわ。」

そうつぶやいたマリは坂をしずかに下った。ソルボンヌの建物にたいして、道の右側はルイ大王中学、その隣がコレージュ・ド・フランスである。コレージュ・ド・フランスこそ、フランスの学術の最高峰であると聞いていたマリは、その古めかしい建物を尊敬のまなざしで見あげながら、セーヌの川岸に出た。ノートルダム寺院はもう目の前にそびえ立っている。マリは宗教にはあまり興味は持っていなかったが、この巨大な建造物が持っている数々のフランスとパリの歴史そのものに心がひかれるのである。内陣を見、寺院の裏手にまわって、すりへってしまっている小さな石の階段を登りだした。塔の頂上まで登ってパリを一望のもとに見わたそうというのである。

汗をかいて、やっと頂上にたどりついたマリは、途中で何度かやめて、もどってしまおうかと考えたが、登りつめたことを喜んだ。ここからのパリの眺めはまったくすばらしい。ま下はセーヌ川で、このノートルダムが小さな島の上に建っていることが見られるし、学士院、ルーヴル博物館、オペラ、ソルボンヌ、それに、フランスの偉人を葬ってある、パンテオンなどの建物が一望のもとに眺められる。汗ばんだ顔を涼しい秋風に吹かせながら、マリは熱心に、あきずに、これから何年かをすごすパリの町を見まもるのであった。

このようにして、マリ・スクロドフスカのパリの日々の生活がはじまった。かの女はドルスキー博士の家の用事をすませると、乗合馬車に乗って、ソルボンヌの裏手にあるサント・ジュヌヴィエーヴの図書館に通いはじめた。物理、数学、化学という基礎的な勉強が不足なことをおそれて、十一月の新学期開始までに、たっぷり実力をつけておかねばならないと思ったからである。

その日も、いつものとおり閲覧券をさし出し、受付を通りすぎようとすると、頭のすっかりはげあがった小がらの受付係の老人が、

「お嬢さん。」

と、マリを呼びとめた。

「なんですか。」

という表情でマリが近づくと、その老人はにこにこしながら、

「お嬢さんの姓は、これはなんと読むのですか。」

「スクロドフスカです。」

「スクロドフスカ。むずかしい名まえですね。ロシア人ですか。」

「いいえ、ポーランド人です。」

「ああ、そうですか。あなたの名まえがわたしにはなんと発音してよいかわからないので、うかがったのです。失礼しました。」

　フランス人にとってわたしの姓はむずかしいものかもしれない。いままで、だれひとりとしてわたしの姓を正確にいったフランス人はなかった。しかし、いくらむずかしい姓だとはいえ、このスクロドフスキー（女の場合はスクロドフスカになる）にはいろいろないわれがあり、わたしには尊い姓だと思う。もしわたしが、希望するようにりっぱな学者になったとしたら、世間の人はいやでもこの姓

を正確に発音するようになるだろう。
本を読みながら、マリはふとこのように考えた。

義兄のドルスキー博士は、

カジミール・ドルスキー博士
診察——毎日午後一時より三時
無料診察——月曜、木曜午後七時より八時

と印刷されてある便箋に、マリの父であり、自分の義父であるスクロドフスキー氏にあててそのころのマリのようすを知らせている。

「家では万事ぐあいよくいっています。マリさんはまじめに勉強しており、わたしと顔をあわせるのは晩ご飯の時だけです。……マリさんはたいへん元気で顔色もよいです。」

ほんとうに、マリの健康はもうしぶんなく、ワルソーにくらべてずっと気候の温和なパリの生活はマリにとってこころよいものであったといえよう。お金はたいして持っていなかったけれど、自分の勉強のための時間はじゅうぶんすぎるくらいにあり、なにもかもんくのいいようもないのであった。義兄は医者として労働者を相手にし、熱心にその健康を心配してやっている。ポーランドにちょっともどっている姉のブローニャも、女医として、労働者の妻や娘たちの健康を守っている。このふたりがささやかではあるが、しっかりと築きあげたこの小さな家庭の平安をみだしてはいけないと、マリは、万事ひかえめであった。

姉のブローニャもやがてワルソーから帰って来たが、ドルスキー一家の生活はマリをまじえてしずかに続けられていく。

ソルボンヌ大学へ入学

まちかねていたソルボンヌの理学部の講義は、十一月三日からはじまった。入学の手続きをすませたマリは、時間のゆるすかぎりたくさんの講義を聞くことにした。数多い講堂の番号をまちがえることもなくなり、いつも講堂のいちばん前の座席にすわって、先生がたの講義を一言も聞きもらすまいと注意ぶかくしていた。

今日でこそソルボンヌ大学には女学生がとても多いが、このころはなんといっても講堂の中に女性を見るのはめずらしいことだったのだ。しかし無口な、同じクラスの学生たちよりも四、五歳年長のマリは、できるだけめだたないようにしていたし、話しかけられても必要なことのほかは口をきかなかったので、友だちというものはできなかったし、学生の集まりなどにも出席しないようにした。文字どおり勉強ひとすじというのが、ソルボンヌ大学に通いはじめのころの、マリ・スクロドフスカの毎日であったのである。

フランスの大学はどこでもそうだが、とくにパリのソルボンヌ大学の先生の講義はなにかいかめしい。

小使いのじいさんによってしずかにドアが開かれると、黒いフロック・コートを着た先生が助手をつれて講堂にはいって来る。いまのいままでわいわい騒いでいた学生たちがぴたりと騒ぎをやめて、先生の方を注視する。先生は重々しいことばで講義をはじめるのである。

代数学、解析幾何学、力学、一般物理学、電磁気学。こうした講義の題目を見ただけでも、マリの胸は思わず高鳴るのであった。そして、その講義が世界でも有名な先生によってなされるのに出席できる自分を、だれよりも幸福だと思っていた。

冬のパリは太陽が一日としてさす日はなく、暗く冷たい。ソルボンヌの寒々とした講堂で講義を聞くマリは、自分の胸の中に火のように燃える大きな喜びをかかえているので、そうしたこともすこしも苦にはならなかった。そしてすばらしい講義をする先生を壇の上に仰ぎみて、「わたしも早くああなりたい。」と思った。ソルボンヌ大学の教授になるまでに、どんな苦しみがあるかしれないけれど、わたしも勉強して、あのようにかならずなるのだ。と、マリの覚悟はますますかたまるのだった。

ドアがこつこつとたたかれる。

「はい。」

と返事をすると、はいって来たのは姉のブローニャであった。右手に診察用のかばんをさげている。

「マーニャ、あまり勉強しすぎるとからだに毒よ。病気にでもなったらどうするつもり。」

マリはこの姉のやさしい非難をうれしく思った。

「ねえさんの苦労を思えば、わたしの勉強などなんでもないわ。」

「いえ、わたしはもうなんともないけれど、マーニャはパリに出たばかりで気候風土になれてないでしょう。あまり根気をつめて勉強するとあぶないと思うの。わたしこれからお茶を飲むから、マーニャも客間の方にいらっしゃい。」

ブローニャはそういってへやを出て行った。マリはパリに来てはじめて、女医としての姉の仕事がどんなにたいへんなものであるかを知った。それはパリの家のつくりかたからくる。人々はアパートずまいで、そのアパートは七階まである。医者は診察のためにはそこまで階段を上がって行かねばならない。とくに、ブローニャがたいせつにしている貧しい病人たちは、屋根裏のようなところに住んでいる人が多い。そういう患者を五軒も見てまわれば、へとへとに疲れてしまうのがあたりまえであろう。ドルスキーのように頑健な男ならまだよいが、女のブローニャには階段を上がり降りするだけでも、たいへんな仕事なのである。マリは姉の苦労をしみじみと思った。そして、自分をひきとってせわをしてくれるこの姉にむくいる道は、りっぱな科学者になるほかないと、自分にいいきかせるのである。

客間にはいって行くと、暖炉にはまきがぱちぱちと音をたてて燃え、ドルスキー博士はソファにゆったりと腰をおろしていた。夕がたまでにまだだいぶ時間があるのだが、ランプがあかあかとともり、へやの中はあたたかくなごやかであった。

「マーニャ、ここにおすわり。」

ドルスキー博士はそういってマリにいすをすすめた。マリはだまってすわった。ブローニャはなにかと気をつかって、かし皿をならべたり、お湯かげんをみている。このドルスキー夫妻はまだフランスに帰化はしていないので、国籍はポーランド人だが、フランス人の労働者たちに医師としてたいへん信用されていた。それはこの夫妻が自分たちのことを忘れて、こまっている病人のことだけ考えるという美しい心が、フランスの人々を感動させたからである。マリは、自分の前にすわってお茶を飲んでいる幸福そうなふたりの姿を、いまさらのように眺めるのであった。

「なによ、マーニャ。どうしてそんなにわたしたちをじろじろ見るの。」

姉が微笑をふくんで、わざととがめるような口調でいう。

「わたしね、にいさんもねえさんもえらい人たちだと思うのよ。」

「なにをいまになってそんなことをいうんだい。」

ドルスキー博士は問いかけた。

「わたし、ブローニャがパリでお医者の免状をとって開業したと聞いた時、えらいと思いましたわ。だけど、そのパリにわたしがやって来て、外国人が医師免状をとるのが、どんなにむずかしいかが、はっきりとわかったの。だから、心の底からにいさんもねえさんもえらいと思うわ。」

「なによ、マーニャだって理学博士になって、りっぱな大学の先生になればいいじゃないの。」

この姉のことばに、マリはぽつりぽつりと苦しそうにいった。

「わたし、ポーランドで家庭教師をしながら、物理学、数学、化学を独学で勉強したわ。博物館付属の実験室でいろいろな実験もしたわ。これでどうにかフランスの大学入学資格者試験がとおったのよ。だけど、パリに来て、わたしよりずっと年下のフランスの学生たちが、わたしなどよりもりっぱな知識を持ち、正しい実験をやっていることを知ったの。とてもわたしなどかなわないと思ったわ。だから、フランス人と競争して、りっぱな成績をとることにわたし、自信をなくしてしまったの。いえ、もちろん、わたしはがんばってやれるだけのことはやります。わたしのあんなに得意だったフランス語さえ、先生がたが早口で講義をなさると、ちっともわからないことに気がついたの。これはたいへんなことよ。ここで大勉強をしないと、わたしのいだいた夢の十分の一も実現されやしないだろうと思うの。」

「マーニャ、そんな悲観してはだめよ。わたしだってこうなるまでにどんなに苦しんだでしょう。だけどわたしは思うの。マーニャはわたしよりもはるかに頭がよいから、わたしの経験した何分の一かの苦労で希望をたっせられるだろうと、いえ、これはほんとう。マーニャにおせじをいってもしようがないもの、わたしは自分の信じていることをそのままいうのよ。さあ、元気をだして。」

マリ・スクロドフスカの祖国のポーランドはロシアの支配の下にあった。ポーランドの独立のために努力し、警察から追われて国外に逃げたポーランド人が、パリにはたくさんいる。ドルスキー夫妻も、他国の支配下にある祖国を出て、自由の天地を求め、パリに来たのである。マリとても同じであった。ロシア人の支配する大学などにはいりたくなかったからである。

内気で口数の少ないマリは、フランス人の学生を友だちに持つことはほとんどなかった。それはマリがかれらより年長であったし、スクロドフスカというむずかしい名まえがかれらにはおぼえられなかったからかもしれない。いわば祖国の悲しみを一身にせおっているマリには、フランス人学生たちの、快活な、むじゃきな気風になじめなかったのも大きな理由であろう。マリのいちばんよい友は、姉のブローニャとその夫のドルスキー博士、そして数学を勉強しているズィズィンスカ嬢くらいであった。こうした人たちにまじって、クリスマスの夜など、素人しばいに加わってにぎやかに騒いだこともあったが、ポーランドから送られているスパイたちの目につくようなことをしてはいけないと、父のスクロドフスキー氏からしからしかられてからは、そういう会にも加わらなくなった。父からしかられるまでもなく、マリ自身もそうしたばか騒ぎはあまりすきではなかったのであり、自分の学力のふじゅうぶんなことを、しみじみと知ってから、マリには勉強以外に費す一時間、いや一分間もなくなったのである。

「ねえ、ブローニャ。相談があるのだけれど。」

ある夜マリは姉に向かっていった。

「わたし、ソルボンヌの近くに下宿しようかと思うのだけど、どうかしら。」

「マーニャが下宿したければしてもよいけど。」

「ここのおうちは、わたしには居心地がよすぎるのよ。ねえさんもにいさんもよい人でほんとうにありがたいのだけど、わたしは、もっと自分を肉体的にいじめてみるのが必要だと思うわ。暖かいへやにいると眠くなってしまって勉強ができなくなるし、だいいち、ソルボンヌに通う往復二時間というものがもったいない気がするの。学校のそばならば、それだけ勉強できるし、おまけに、ブローニャはもうじき赤ちゃんができるのでしょう。とてもこれ以上おせわはかけたくないのよ。」

「マーニャのいうことにもりくつはあるわね。だけど、カジミールとよく相談しなければ。マーニャの監督をおとうさんからたのまれているのはカジミールなのよ。マーニャはまじめだから、このパリでひとり暮らしをさせたって、わたしはなんの不安もなし、わたしに子供でもできたら、この家ではうるさくて勉強もできないだろうしね。それにカジミールがああいう陽気な人だから、患者だけでなくお客も多いし、なにかと勉強のじゃまになるとは、わたしもよくわかっていたのよ。」

だがドルスキー博士はこの計画には不賛成だった。若い娘がパリのまん中でひとりで暮らせるだろうか、なにかまちがいでもあったらどうするのだ、というのである。ブローニャはそれにたいし、マーニャがまじめな女学生で勉強だけしか考えていないこと、十七、八の娘とちがって二十四歳にもなればなんでもひとりでやれるから、なにも心配はいらないだろうといい、とうとうドルスキー博士を承知させてしまったのである。

マリは学校の講義のひまをみては貸しべやをさがして歩いた。ソルボンヌの近くではへや代が高すぎるので、だんだんと足をのばしてフラテル街の三番地にやっと手ごろなのを見つけた。さいわい、この建物の中には知りあいのポーランド人の一家族が住んでいた。ポール・ロワイヤルの大通りからちょっとはいったこの家は、いまにもくずれそうに古い家なのだ。けれどぜいたくはいえない。ソルボンヌまでは、ゆっくり歩いて二十分であり、交通費は一銭もいらない。いままではドルスキー博士の家でせわになり、お金はかからなかったが、これからは一ヵ月五十フランばかりで、なにからなにまでやらなければならないのだ。しかしその覚悟はしていた。マリがワルソーの兄ジョゼフにあてた手紙に、つぎのようなものがある。

「わたしが学校の近くに住むことにきめたことは、おとうさんからお聞きになったでしょう。この手紙はフラテル街三番地の新しい下宿で書いています。

わたしはドイツ街にいたころより千倍も勉強しています。あのじぶんはドルスキーにいさんはいつもわたしの勉強のじゃまばかりしていました。家にいるとき

は、にいさんとむだ口をきいて陽気に騒がないと、にいさんはごきげんがわるいのです。だからそのことで、とうとうにいさんと大げんかをしてしまいました。いえ、これはにいさんがわるい人だからなのではなく、むっつりしているわたしを、陽気な、快活な娘にしようという、しんせつな心から出たということをわたしはよく知っています。だけど、わたしはそれよりも勉強だと思っていました。けんかをしてしまってから、わたしもわるかったと思っていますが、しかし、勉強してよい成績をとる以外に現在のわたしにはなんの望みもありません。」

　この手紙は一八九三年三月十七日に書かれている。マリ・スクロドフスカは、一年半ばかりをドルスキー博士の家ですごしたことになるわけである。この一年半はマリにとってけっしてむだではなかったのだ。ワルソーの生活とはいちじるしくちがうパリに、いきなりほうりだされたとすれば、このポーランド娘はきっと、とほうにくれてしまったであろう。いつも陽気なドルスキー博士の家にいて、姉にみちびかれながら、マリはすこしずつパリの生活、ソルボンヌの学生としての生活になれていったのである。その間、自信を何度失ったかわからないけれど、そのたびにブローニャがやさしくはげましてくれた。

フラテル街三番地の下宿にたったひとりぼっちになってみて、マリはこれまで自分がどんなにめぐまれた家庭の中にいたかを知ったのであった。ドルスキー博士とはけんかみたいなことをしたが、そのしんせつをいまさらながら思いかえし、とくに姉の心づかいをありがたく思った。ドルスキーと自分の間に立ち、性格のちがうふたりを調和させようとしたブローニャの気持を忘れてはならないとマリは思った。

「ねえさんはむかしからああいう人なのだわ。」

マリはこうつぶやいて、幼いころから、姉がどんなに自分につくしてくれたかを思った。ひとりになって暮らしてみると、ポーランドのこと、幼かったころのことなどが、しきりに思い出され、涙が出るほどさびしくなってくるのであった。

第二章　母の死

マーニャの誕生

ポーランドの首都ワルソーのフレタ街というのは、わりあいに金持の人々の住んでいる住宅街である。ここに小さな、私立学校というよりも塾といったほうがよさそうものが建っている。スクロドフスカ夫人が経営しているものなのである。一八六七年十一月六日の夜、この私塾の二階の、あかあかとランプの輝くへやの中をヴラドゥイスラフ・スクロドフスキー氏が心配そうに行ったり来たりしていた。壁にかかっている時計を見ると、もう夜の十二時はすぎている。スクロドフスキー氏は、隣のへやのドアをそっとおしあけて中をのぞいてみた。その時ちょうど中からいそがしげに老女が出て来た。

「どうでしょうか。」

「ご心配ごむよう！　万事順調ですよ。もうすこしお待ちください。」

老女は足早に台所へ行き、水さしに水をいっぱい満たしてもどって来た。

「あと一時間ぐらいすれば、かわいい赤ちゃんの顔が見られますよ。おちついて、お茶でもゆっくりと飲んでお待ちください。」

ドアはふたたび閉じられた。

スクロドフスキー氏は、窓ぎわのいすに腰をおろしてぼんやりと外を眺めた。雪が降りつもっている。暖炉にはいま投げこんだばかりのまきが、ぱちぱちと音をたてて気持よく燃えている。

「男かな、女かな。」

ヘレナ、ソフィー、ブロニスラワの三人の女の子とジョゼフという男の子がいるのだが、できることなら、もうひとり男の子がほしかった。しかしそれは希望で、すべては神のおぼしめしだ。いちばん心配なのは、スクロドフスカ夫人が働きすぎたせいか、このごろからだのぐあいがあまりよくない。赤んぼうもぶじに生まれるかどうかということである。夫人は結核症にかかったらしい。明かるい日光の地中海の方へでも保養にやればよいかもしれぬが、中学の教師の身分では、そういう大きな出費も思うようにはならず、今日にいたってしまったが、なんとか努力をしてこの夢を実現したいものだ。まもなくノウォリプキ街の中学校教授兼副視学になることになっており、官舎も与えられるから、節約すれば実現できるかもしれない。いすにもたれたスクロドフスキー氏はそんなことを考えていた。

気がつくと、隣室からなにかざわめきが聞える。立ってドアのところに行くと、さっきの老女が顔を出した。

「ご安産ですよ。女のお子さんです。」

「どこも具合の悪いところはありませんか。」

スクロドフスキー氏はすぐに聞いた。

「完全むけつな赤ちゃんです。ご心配いりませんよ。」

それから三十分ばかりして産室に招き入れられたスクロドフスキー氏は、ベッドにぐったりと横たわっている妻の手をにぎり、その額に接吻をした。

「たいへんだったね。」

このことばにスクロドフスカ夫人はそっと微笑した。

「どう、赤ちゃんはきりょうよしかしら。」

妻のことばに、スクロドフスキー氏は、小さなゆりかごの中の赤んぼうを見た。生まれたばかりの赤んぼうは、さるのようにくしゃくしゃした顔をしていて、きりょうがよいかわるいかわからない。しかし、スクロドフスキー氏はやさしく答えた。

「ああ、おまえににて、なかなかのきりょうよしだよ。」

一八六七年十一月七日、マリ・スクロドフスカはこのようにして生まれたのであった。

マリの幼年時代は、まもなく移転したノウォリプキ街の官舎ですごされた。マリの生まれた翌年の一八六八年には、ロシアがポーランドを併合し、ここに独立国としてのポーランドは消えさってしまったのである。ロシアは、ポーランドを完全にロシア化するために、学校の校長はすべてロシア人にしてしまい、学生や生徒にロシア語を習わせ、ロシア政府にすこしでも反抗するポーランド人は牢屋に入れたり、シベリアに追放したりした。このような圧迫が強ければ強いだけ、ポーランド人の独立へのあこがれは高まるのであった。スクロドフスキー氏の思いも同じだったが、なにごともひかえめのこの人はそうした気持をあまりはっきり出すようなことはしなかった。忠実に、学校教師を勤めることにとどまりながらも、中学校長であるロシア人のイワノフ氏にたいしては、ポーランド人としていうべきことはいった。それでイワノフ氏は、このスクロドフスキーという副視学をけむたい存在と考え、機会があれば中学から追い出すことを考えていた。

ノウォリプキ街のこの男子中学校の教員室でスクロドフスキー氏は生徒たちの物理の試験の答案を調べていたところへ小使いが呼びに来た。

「校長先生がお呼びです。」

声をひそめていうこのことばに、スクロドフスキー氏は内心はっとした。校長イワノフ氏のところに呼ばれるのは、ろくなことはないのを知っていたからである。長い廊下を通り、いちばん奥まったところにある校長室のドアをたたいた。

へやにはいるとイワノフ氏はなにかふきげんな顔をして、大きな机のまわりをぐるぐるとまわっている。

「なにかご用ですか。」

スクロドフスキー氏がいうと、かれの方を見ようともせずにイワノフ氏は冷たくいった。

「机の上のものを見たまえ。」

机の上には一ヵ月ほど前にやった物理学の中間試験の答案がのっている。

「これはわたしの試験の答案ですが。」

「きみはその答案についてなにも反省することはないのかね。」

「反省と申しますと。」

「しらばくれるのはやめたまえ。」

イワノフ氏は大声でいって、その答案の中から一つの紙たばを取り出した。

「これを見たまえ。」

スクロドフスキー氏はそれを見たが、べつに異状はない。

「この答案のどこがわるいのですか。」

「しらばくれてはいかん。きみはわが政府の訓令を知っておるだろう。学校においてつかうことばはロシア語にかぎるということを。これらの答案はそれに違反しとるにかかわらず、きみはよい点を与えているではないか。」

「これらの生徒はみな優秀な者たちです。この答案がロシア語とポーランド語とまぜて書かれてあるのは、わたしの教える物理学というものの性質上、その科学的用語はむずかしいものであり、そのすべてをロシア語で書くのは、ときとして困難がありますので、わたしとして大目に見たわけなのです。」

「大目に見るなんてだいそれたことだ。わたしは校長として、きみがわが政府の訓令に忠実であることを要求する。これらの答案は零点にしたまえ。」

「それはむちゃです。これらの答案は、みなよくできる生徒たちばかりですから。」

「いかん、零点にしたまえ。わたしは命令する。もうこのへやを出て行ってよろしい。」

スクロドフスキー氏はうなだれてイワノフ氏のへやを出た。この試験答案の結果はもう記録ずみだから、それを訂正するのはめんどうではあるが、べつにたいしたことではない。答案の一部にポーランド語をつかった生徒たちが、よくできる、愛国心に満ちた子供たちであり、これらに大きな失望を与えるのをスクロドフスキー氏は悲しんだのであった。かれも生徒たちの訓令違反をよく知っていた。しかし、先生と生徒の間だけにつうじるある心持が、そうとう長い間にわたってこうしたことを秘密のうちに行わせたのである。

　スクロドフスキー氏は校長のイワノフ氏が、まえから、なにかおちどはないだろうかとさがしているのを知っていた。ポーランド語の答案のことも、危険であるとは思っていた。しかし、これがイワノフ氏に知れてしまったいまとなっても、後悔の念はすこしもおこらなかった。来るべきものが来たという感じだけなのである。すべてにひかえめで、ロシアにたいする反感などをはっきりと出さないスクロドフスキー氏であったが、心の中には熱いポーランド人の血がたぎっていた。どんなに注意していたとしても、イワノフ氏はなにかのおちどをスクロドフスキー氏に見いだしたにちがいない。その時期がきょう来るか、半年後に来るかのちがいだけなのである。自分のことはともかくとして、生徒たちはあくまでまもってやらねばなるまい。そう覚悟したスクロドフスキー氏は頭をあげて、教員室にもどったのである。

試験問題の採点で、いつもよりおそくまで教員室にいたスクロドフスキー氏は官舎にもどった。居間にはいって行くと、青白い顔をしたスクロドフスカ夫人が、いすの中で夫を迎えた。腰の上にはできかけの小さな赤い皮ぐつがある。からだをわるくして家事をやれない夫人は、一日じゅういすの中で子供たちのくつを手づくりする習慣なのであった。

「イワノフに呼ばれたのですって?」

「うん、つまらぬことを気にするやつだ。あんなことを気にするより、もっと教科の内容や実験設備をととのえるのに気をつかえばよいのだが。」

「だけどお気をつけにならないといけないと思うわ。どういうわるだくみかわかりませんものね。」

「あれはそういう男だ。気をつけるつもりだが、こちらにおちどがなければ、そのおちどをでっちあげるのをおそれない男だね。ともかく、勤務の点ではこれからいっそう忠実であるようにしよう。だがわたしはイワノフの気にいるような人間にはなれないよ。」

「その気持わかりますわ。だけど、子供も五人で、マリも生まれたばかりです。つらいこともがまんしてくださいね。こちらから事をおこすようなことは、ぜったいにしないようにしましょう。つけこむ口実を与えないようにしましょう。あなたがいればこそ、この学校にはまだポーランドというものを生徒に自覚させる先生がいることになるのよ。できるだけ気をおつけにならなければいけないわ。」

　スクロドフスキー氏は妻のことばにうなずいてみせた。結婚をして八年ばかりしかたたないのに、五人の子供をつぎつぎと生みながらも、そうゆたかでない中学校の教師の家庭のきりもりをりっぱにやっている、まだ三十歳にもならないこの妻を、スクロドフスキー氏は愛するとともに尊敬もしていた。そして、ひかえめではあるが生まれつきの正義感から、なにか不正なことがあればすぐにかっとなってくる時、この妻の姿を思い浮かべるのだった。「なんといってもたえることだ、がまんすることだ。」スクロドフスキー氏は書斎のマホガニーの大きな机の前にすわって、そう自分にいいきかせるのである。

仲のわるいおとなたち

マリはすくすくと成長していった。両親がときとしてひそひそと額をあわせて語りあっている会話の中にイワノフとかシベリアとか革命とかいうことばを聞いたが、その意味はわからなかったにしても、校長のイワノフがなにか、わる者であり、自分の家庭がその人によってたえずおびやかされているのを感じていた。そして、その根本がロシアという国であるとかたく思いこんでいた。イワノフ一家は同じ学校の敷き地内のりっぱな官舎に住んでいたが、そこの子供たちと遊ぶことはなかった。もちろん、イワノフ氏にしても、自分の子供がポーランド人の子供とともに遊ぶのをみとめなかったであろう。イワノフ氏の子供は、ロシア人の官吏や教授の子弟だけの通う、とくべつな学校に通っていたために、交際する人はロシア人だけだった。

マリは官舎の庭から出て外に遊びに行く時、イワノフの娘のサーシャを見かけることがよくあった。きれいな着物を着て、ポーランド人のメイドにつきそわれてロシア小学校に通学するのであるが、そのサーシャがある日、官舎の鉄のさくのところにぼんやりと頬づえをついて外を眺めているところを、マリが通りかかった。姉といっしょだと、ぺろりと舌を出してばかにしたような態度をするサーシャであったが、五つになったばかりのマリひとりにたいしてポーランド語で話しかけるのである。サーシャのポーランド語は父親のきびしい禁止にもかかわらずメイドからしぜんに習ったのであった。

「マーニャ、なにしてるの。」

「わたし、これからおうちに帰るのよ。お嬢ちゃん。」

ロシア人と話をする場合、けっして敬称を忘れてはならないのは、当時のポーランド人の心得であったので、マリもサーシャをお嬢ちゃんと呼んだのである。

「お嬢ちゃんなんていやね。サーシャって呼びなさいよ。マーニャのおうちまで送ってあげようね。」

そういったサーシャは門を出て、マーニャの手をとった。

「マーニャは歌がじょうずだっていうけど、小学校の歌はもうみんな歌えるのでしょう。」

マリはこっくりとうなずいた。意地のわるい、だれからもきらわれているサーシャに、こんなやさしいところがあるとはマリには信じられなかった。

「こんどいつか歌ってね。」

マリはまた、こっくりとうなずいた。そのまま手をつなぎあったふたりはだまって歩いた。そして、スクロドフスキー氏の官舎の前でサーシャはマリの頬に接吻をして、「さよなら。」といった。マリも小さな声で、「さよなら。」といった。

サーシャがマリといっしょに歩いているところを、イワノーヴァ夫人が見つけたらしく、サーシャはその晩父母からたいへんにしかられたということを、ポーランド人のメイドがスクロドフスカ夫人につげたのである。マリもサーシャと遊んではいけないといいわたされた。マリは、それからサーシャにあってもだまってあいさつもしなかった。サーシャとても同様であったが、マリにとっては、その目の中に、なにか悲しみとでもいえるものが見られるような気がした。子供心にサーシャはわるい人間ではないと思った。ただ、ロシアとポーランドという二つの国の間に、なにかよくないことがあるのだが、それはおとなの世界の話で、ポーランド人が、サーシャがロシア人だからといってにくむのはおかしいではないだろうかと子供心にもぼんやりと感じたのであった。

　このころ、スクロドフスカ夫人は胸の病気が南フランスへの一年ばかりの転地にもかかわらず、はかばかしくなくて、ふたたびワルソーにもどっていた。病気がうつるのをおそれて、夫人は子供たちを自分の身近に長くおかないようにしていたが、ある日、母の顔を見ようとドアからのぞくマリを見つけて手をあげて招いた。おずおずとベッドに近よるマリにスクロドフスカ夫人はたずねた。

「マーニャはイワノフのサーシャをどう思っている。」

　この質問にマリはどぎまぎして赤くなった。しかられると思ったからである。けれどマリは、はっきりといった。

「サーシャはよい人だわ。」

「そうね。おかあさんもサーシャはわるい娘だと思わないの。イワノフがわるい人だからといって、その娘がわるい人間だときめてしまうのはいけないことね。キリストさまは『なんじの敵を愛せ』とおっしゃったことをよく覚えていなさいよ。わたしたちポーランド人の敵はロシア人だけれど、そして、このわるいロシア人をわたしもにくむけれど、ロシア人の中にもよい人がいるということはたしかなことね。マリは、そういうことはよくわかるだろうとおかあさんは思いますよ。」

この夏はワルソーは暑かったので、スクロドフスキー一家はいなかの親類の家に出かけた。それは楽しい毎日だった。見わたすばかりのむぎ畑の中を花崗岩質のまっ白な道が一本、地平線のはてまでつづいている。その道からすこしはいると、すきとおるように水のすんだ小川が流れて、そこにますなどがおよいでいる。スクロドフスキーの子供たちはその白い道をいぬといっしょにかけまわったり、小川の中でさかなを追いかけたりした。スクロドフスカ夫人はいなかに来てもずっと寝たきりで、朝晩あいさつに来る子供たちの手を軽くにぎるのがやっとのくらい、おとろえてしまっていた。スクロドフスキー氏は、妻のそうした姿を、いつも悲しそうなまなざしで見ているのであった。

一八七三年の秋、休暇をおえてスクロドフスキー一家はノウォリプキ街の官舎にもどった。ほこりだらけの馬車が官舎の前につくやいなや、子供たちは喚声をあげて馬車からとび降りた。るすいのメイドがあわてて家から出て来て門を開く。子供たちはわいわいいいながら家の中にはいって行った。いちばん姉娘のゾーシャだけが、寝ている母親をおこし、メイドの手をかりてへやにゆっくりと運ぶのである。スクロドフスキー氏もその手つだいをし、荷物を玄関まで運びこむようメイドにいいつけて自分の書斎にはいった。そうじはよくゆきとどいて清潔である。マホガニーの大机の上には、るす中にきた郵便物が山のようにのっている。その上にひときわめだつ見なれぬ大封筒がある。きょうついたばかりらしい。文部省と印刷してある。スクロドフスキー氏は、なにかはっと胸をつかれる思いでそれを手にとった。定期昇給の時期ではない。栄転をするならあらかじめ内報があるはずである。早鐘のような胸のとどろきをおさえて封を切り、中みを取り出して開いた。文部省の公用便箋に、いかめしい書体で書かれた辞令である。それを読んでスクロドフスキー氏はへたへたといすにくずれるようにすわった。ひらひらと床の上におちた辞令には、つぎのように書かれてあった。

男子中学校教授兼副視学　ヴラドゥイスラフ・スクロドフスキー

右の者文部省令第百三十五号第五十三条により副視学を免じ、減俸処分第八号に処す。

文部大臣

つまり文部省の官吏の規則にそむいたために、副視学という職をやめさせ、月給は減らすというのである。しかも副視学という職務にあればこそ住むことのできた官舎から、すぐに出て行かねばならない。

「イワノフはなんて、ざんこくな男だ。」

スクロドフスキー氏はこうつぶやいた。楽しい休暇をすごして、日に焼けた元気なはればれとした顔でワルソーにもどって来たその日に、こういう辞令を送りつけるなどというのは、人情のある人間にはできることではない。なにかにつけて正しいことを主張するスクロドフスキー氏をやっつけるために、イワノフ氏はもっともききめのある日をえらんだことになる。

スクロドフスキー氏はいそいで胸算用をした。銀行の預金は妻の病気のためにたいしたものではないが三万ルーブルぐらいはある。これだけあれば官舎を出てどこかのアパートにはいるとしても当分の間はこまらないだろう。月給を減らされては五人の子供と病気の妻をかかえては生活もたいへんだが、中学校の教職にはついているのであるから、やとっていたメイドに暇をだし、節約をすればなんとかやっていける。そんな考えにふけっているスクロドフスキー氏の耳には、庭で大声をあげて騒ぎまわっている子供たちの声も聞えなかった。

母の死

官舎はすぐにも出て行かねばならず、大いそぎで見つけたアパートは日もささない暗いものであった。子供の健康にもよくないと、またひっこしをしたが、そこは家賃が高すぎた。そして最後はノウォリプキ街とカルメリット街とのかどのアパートにはいって、やっとスクロドフスキー一家はおちつくことができたのであった。こうした苦労のために、ふとってつやつやとした顔色のスクロドフスキー氏は、やせて、神経質になった。毎月もらう月給は少なかったので、それを補うために、学校の成績のあまりよくない子供を寄宿させて、勉強をみてやることにした。その子供がひとりからふたり、ふたりから三人とふえていく。昼まは子供たちはすべて近所の学校に行くからこのアパートはひっそりとしているが、放課時間となると、寄宿生がみな帰って来る。すると、スクロドフスキー氏のアパートは、はちの巣をつついたようになる。ところがある日、その騒ぎがぴたりととまってしまい、おとなだけが心配そうな顔をしてへやの中にはいったり出たりしていた。医者らしい人がこのアパートにさかんに出入りする。寄宿生の中にチフス患者が出、そしてスクロドフスキーの娘のゾーシャとブローニャに伝染したのである。さいわいにブローニャは助かったけれど、ゾーシャは冷たいむくろにかわってしまった。幼いマーニャが人の死というものを見たのは、これがはじめてであったのである。

あれほど元気で快活なゾーシャが、美しい花に包まれて眠っている。マリは背のびをしてその頰をつついてみた。ぞっとするほどに冷たい。この冷たさのなかに、マリは人間に死というものがあることをはっきりと知ったのであった。それまでは、たくさんの親戚などが集まって来ているので、はしゃいでいたマリも、この死というもののおそろしさを思ってわっと泣きだした。このマリの涙につられて、人々はふたたびハンカチをぬらすのであった。

ゾーシャのひつぎは教会堂の中央にすえられた。いつも教会堂のそうじをしたり、お使いをしているじいさんが喪服を着、かしこまった顔をしてひかえている。葬儀屋がみょうなとんがりぼうしをかぶって棺の横にいかめしく立っている。

一八七六年一月のワルソーの教会堂の中はこおるような寒さである。すずめのように着ぶくれしたマリはその寒さにがたがたふるえていた。司祭の長い長い祈禱がすむと、親戚の人たちは開かれた棺の中のゾーシャにかわるがわる聖水をふりかける。マリも背のびをして、しんせつだった姉に永遠の別れをつげた。

ある日とつぜん、身なりのよい紳士がスクロドフスキーの家をたずねて来た。家政婦が名まえを聞くと、

「アレックス・ボグスキーです。スクロドフスカ夫人の兄で、病気だというのでおみまいに来ました。」

家政婦がこの訪問をスクロドフスカ夫人につげると、かの女は喜ぶよりも顔を

くもらせた。

「こちらにお通しして。」

はいって来た紳士にスクロドフスカ夫人は、寝台の中からよわよわしく手をさしのべた。

「アレックス、どうしてワルソーに出て来たの。」

この紳士は寝台の横に腰をおろした。

「リーザ。ひさしぶりにたずねて来た兄に、あいさつぬきでそんな質問をするのは失礼だぞ。けどしかたがないや。いままでにリーザには大きなめいわくをかけているのだから。こんどはね、ぜったいかくじつな事業をはじめたんだ。金もよくもうかる。」

「うちの主人をだましてお金をとっていってはいやよ。だいいちうちにはお金などありはしないけれど。」

「いや、もうそんなことはしない。しかし、スクロドフスキー氏は何時ごろに帰るの。」

アレックスはポケットから大きな金時計を出して時間を見た。

「四時ごろにはもどるでしょう。けど、アレックス。もうお金の話はごめんよ。」

「だいじょうぶだよ。病人ていやだなあ。うたがいぶかくて。」

アレックス・ボグスキー氏はそれからときどきスクロドフスキー家をたずねた。そのたびごとにおかしなどを子供たちに持って来てくれる。しかし、マリはこのおじは、なにかゆだんのならない人だとうすうす感じていた。スクロドフスキー氏となにかひそひそ話したあとで、氏が座をはずした時など、だれも見ていないと示したこのおじの表情は、なにか悪人の顔とでもいえるもののあるのをマリは見たのであった。


やがてアレックス・ボグスキー氏はばったりと来なくなった。そして二月、三月がなにごともなくすぎさったが、こんどはスクロドフスキー氏が青い顔をしてスクロドフスカ夫人とひそひそ話をすることが多くなった。マリは、なんだかわからないけれど、重大なことがこの家の中でおこっているのを感じた。ある時は、スクロドフスカ夫人がまっ赤に泣きはらした目をしているのを見た。スクロドフスキー氏も、一家の食事の席でぼんやりとして、スープの冷えるのを気がつかないでいる時もあった。

マリにはわからなかったけれど、スクロドフスキー氏は義兄にだまされて、三万ルーブルという大金をとられたのである。アレックス・ボグスキーはりっぱな服装でスクロドフスキー氏をまず信用させ、そして、すばらしい利益のある製粉所への出資をすすめたのであった。

用心ぶかい、ひかえめのスクロドフスキー氏だったが、こうした話には魅力があった。副視学をやめさせられてから病気の妻と四人の子供をかかえて、将来の生活に大きな不安があった。毎日の生活はなんとかやっていけるが、ジョゼフやブローニャ、ヘラ、マーニャたちが成長した時の学費をどうするか、娘たちの結婚の費用をどうするかがスクロドフスキー氏の心配のたねだったのである。そうしたところへ、ボグスキー氏は耳よりの話をもちこんだのである。五年めには出資金が倍になる。十年めには五倍になる。しかもきわめてかくじつな有利な事業だから他人に参加させたくはない。親戚だけでやっていきたい。こういうことをボグスキー氏はいかにもほんとうらしく説き、大きな皮かばんの中からいろいろな書類を出して見せた。中学の物理学の教授であるスクロドフスキー氏にはなにもわからなかったが、ボグスキー氏は確信の上に立っていると考えた。そして妻にないしょで三万ルーブルの金をわたしてしまったのであった。

「わたし、ああいう兄を持ったことをはずかしいと思ってますの。あなたのような善人をだまし、金持でもないあなたから三万ルーブルという大金をとってゆくえをくらましてしまうなんて、人間のすることではありませんわ。」

「まあまあ、そう興奮しないで。もともとわたしの軽はずみと、つまらぬ欲をおこしたのがいけないので、おまえにはなんの関係もないのだから心配しないほうがよいよ。からだをこれ以上わるくしたらどうするのかね。」

「いいえ、あなたのお気持はよくわかります。だけど、ヘラたちのお嫁いりの費用も、ジョゼフの学費も入用です。そんなことをおっしゃって、いったいあなたはどうなさるおつもり。」

「わたしが働いてかせぐよ。また、ボグスキーだってほんとうの悪人ではないような気がわたしにはする。わたしに利息をはらうつもりなのが、どうしてもつごうがつかないのでこちらに連絡しないのかもしれない。そのうちに、三万ルーブルを持って、ひょっこりとわたしをたずねて来るかもしれない。」

「そんなよい心があるのなら、なぜゆくえをくらましたのですか。あなたは、あの兄というものをごぞんじない。わたしの兄のはじをいうのですけれど、わたしはアレックスにいままで、あなたにないしょでたくさんのお金を用だてているのですが、一銭だってかえしてはいません。こんどのお金も、もうもどってこないとわたしは思っています。あなたに申しわけないと思っています。」

スクロドフスカ夫人は声をたてないで泣いた。スクロドフスキー氏もたいへんなことになったと、自分の軽はずみをひどく後悔した。

こうしたことが原因になったかどうかわからないが、スクロドフスカ夫人の病勢はきゅうに進んだ。長い長い結核との戦いではあったが、一八七八年の初夏には、かかりつけの医師はスクロドフスキー氏に、これ以上手のつくしようのないことをつげたのであった。

その日には、毎日通って来た医師のかわりに司祭が来た。病の床にあって、スクロドフスカ夫人はのこしていく夫や子供のことを思いながらも、燃えつきたろうそくの火の消えていくのを見るように、自分のいのちが消えていくのをみるの

であった。そして、よわよわしい手で子供たちの手をまさぐった。

「わたし、みんなだいすきよ。おかあさまのこともときどきは思い出してね。」

こういって、スクロドフスカ夫人は微笑した。

「わたしはみんなだいすきよ。」

頭は枕の中にうずめられた。しずかな呼吸がだんだんとよわくなる。と思うと、いつのまにか呼吸はたえてしまっていた。寝台の向こう側にいて脈をみていた医師はだまって頭をさげた。

ブローニャがわっと泣きだすのを合図のように、ジョゼフもヘラもマリも泣きはじめた。まっ赤な目をしたスクロドフスキー氏は、泣きさけぶ子供たちをつれてへやの外に出、子供べやまでつれて行ってからふたたびもどって、医師と司祭にあつく礼をのべた。

なき妻だけしかいないそのへやで、スクロドフスキー氏は子供のように大声をはりあげて泣いた。いくら泣いても泣ききれない気持であった。

第三章　家庭教師

別れの歌

一八八三年六月十二日、ワルソーの官立女子中学校は、ロシアの国旗に飾られ、出入りする人たちも美しい晴れ着の服装をしていた。卒業式なのである。

ワルソーの冬は長いけれど、五月になれば氷もとけていっせいに花が開く。六月ともなれば夏のような晴れた明るい日が続く。この卒業式の日もそういう一日であった。

満十六歳のマリ・スクロドフスカは黒ずくめの長い式服の胸にばらの小さな花たばをピンでとめて、レーシュノ街の家を出た。すれちがう人々もこのマリの姿をふりかえって見ていくほどである。マリは得意だった。女学校を卒業すれば、もうおとなだという気持があったからである。道の曲がりかどで、ぱかぱかとひづめの音も軽く一台の馬車が来た。

「マーニャ、なにをそんなにすましてるの。」

そんな声がする。見ると同級生のザモイスキー伯爵の令嬢のマーシャである。

「マーニャ、これに乗りなさいよ。」

マリはいわれるままに馬車に乗り、マーシャのそばにすわった。

「馬車なんて大げさでしょう。だから歩いて行くといったのに、母が乗って行けってきかないのよ。両親も卒業式に出席するのだけど、マーニャみたいに成績優秀のごほうびがもらえないから、はりあいがないっていってたわ。」

マーシャは、かっこうよく上を向いた鼻をならしてくすくすっと笑った。

同じ黒い式服ではあるが、マーシャのそれは上質の布地でつくられ、かろやかであり、しかも香水のにおいさえただよわせている。マリは小さい時から仲よしのこのマーシャが、卒業したらまもなく大金持のある子爵の息子と婚約するというわさを聞いていた。やさしい気質のマーシャは、きっとよいお嫁さんになるにちがいないとマリは思った。

「マーシャは優等賞をもらえないけれど、マーシャの持っているその気質は神さまの与えてくださった、かけがえのない宝よ。」

「ありがとう。そういってくれるのはマーニャだけよ。母は一日じゅうがみがみわたしをしかってるの。やれ、ぐずだとか、やれ、だらしがないとか。だけどマーニャはわたしというものがわかっているのね。」マーシャの手がマリの手を求めた。学校の前に馬車がとまるまで、ふたりはだまって手をにぎりあっていた。

式場はたくさんの人がはいったために、むれるような暑さである。周囲の壁には小さなロシアの国旗がかざられ、正面の壇の上には大きな花たばがならべられていた。そのうしろには校長や先生がたが座をしめ、その前に露領ポーランド教育局長アプフチン氏が気のないようすですわっている。壇の下の右手にはトランペットやドラムをかかえた音楽隊がひかえ、左手は来賓席である。式はロシア国歌の吹奏からはじまり、はじめに校長があいさつをする。それがおわると五分ばかり音楽が奏される。つづいてアプフチン氏の祝辞である。このようにして、音楽と演説とのあいまに、卒業生の名まえが成績順に読みあげられていった。

マリ・スクロドフスカは一番であった。アブフチン氏から一等の金メダルとともに、たくさんの賞品の本が与えられた。上気した頬を赤くそめたマリはそれをうけとり、ひざまずいて、うやうやしいあいさつをした。二等賞、三等賞、つぎつぎと賞品がさずけられていく。

「別れの歌」を三部合唱で歌った卒業生たちは、涙にぬれた目をハンカチでおさえながら校庭に出た。女学校を卒業すれば、それからの進む方向はまちまちで別れさる人も多い。いなかから首都のワルソーに勉強に来ていた娘は、卒業するやいなや、ふたたびいなかの家に帰らねばならない。ワルソーに住んでいる人とて大学への入学準備をするもの、家事の手つだいをするもの、働きに出なければならぬもの、お嫁に行くもの、こうしたさまざまの運命を持った娘たちは、校庭で泣きながら別れをおしむのであった。

マーシャと話しているマリはそっと肩をたたかれた。ふりかえると父のスクロドフスキー氏である。

「まあ、おとうさん。きょうはいそがしくて、いらっしゃれないといってたのに。」

スクロドフスキー氏はにこにこしながら、マーシャにまずあいさつをしていった。

「いそがしかったけれど、ちょっと脱け出して来たのさ。マーニャの一等賞をもらうところをぜひ見たくなったのでね。」

スクロドフスキー氏はザモイスキー伯爵夫妻にもマリがなにかとせわになった礼をのべ、父と娘のふたりはならんで家路についた。リラの花がにおっている。マリは息を深くすいこんだ。晴れた青い空には一片の雲もない。しずかな屋敷町なので、ふたりの足音のほかには、小鳥の鳴き声だけである。

「ねえ、おとうさん。おかあさんが生きていたらねえ。」

「うん、生きていたらきっと喜ぶだろうな。マーニャが末っ子だから、あれもその末っ子が女学校を卒業したと知ったら喜ぶだろうに。」

それからふたりはだまって歩いて行った。ふたりの胸にはいまはない母親と妻の思い出がやどっていた。

その夜のスクロドフスキー一家の晩餐はひさしぶりではなやかなものであった。

母の死んだあと、姉娘のブローニャ（ブロニスラワ）が家政をやっており、かの女は一日がかりでごちそうをつくりあげた。ヘラ（ヘレナ）とジョジョ（ジョゼフ）のふたりは皿をならべたり、しまってあった銀の食器を食堂にならべたりした。

食堂のマントルピースの上には、黒いリボンで飾られたスクロドフスカ夫人の肖像がおかれ、その前には三つの金メダルがならべられた。一つはブローニャ、もう一つはジョジョ、最後の一つはマリの得たものである。ヘラはそれを横目でちらと眺めていった。

「三つでなくて、四つだとママも大喜びでしょうね。」

「なにいってるのさ。ヘラは芸術方面に進むのでしょ。それなら、こんな金メダルなどとる必要はないじゃないの。」

ブローニャはいつものように、母親のような気持で、弟や妹を、ときとしてははげまし、ときとしてはなぐさめるのであった。

家族そろって、はなやかにしかしひっそりとすごしたこの夜のことを、マリは後になってもなつかしく思い出すのであった。

スクロドフスキー氏は、マリをどういう方向に進ませるべきかについて頭をなやました。才能はある。

その才能をじゅうぶんにのばすように、親としてむけてやらねばならない。しかしそのためには金がいるが、その金はないのだ。スクロドフスキー氏は、自分の軽はずみな行為から、三万ルーブルという大金を失ったことを後悔するのであった。ブローニャとて、もんくもいわず家政をとっているけれど、医者になりたがっている希望をみたすにはポーランドではだめで、男女の別もなく医師になれるフランスに行かねばならない。ジョゼフも医者になるという。いったいどうしたらよいのだ。あれこれと考えあぐみ眠れない夜が続くのであった。

妻が肺結核で死んでから、スクロドフスキー氏はいちばんよわよわしく見えるマリのからだが心配であった。それで将来のことをきめる前に、親戚の家で一年間じゅうぶんに休養させることにした。さいわい、子供たちの勉強を見てくれるのなら、食費をほんのわずかばかりはらえば喜んで迎えるという何人かの親戚があった。ワルソーの女子中学校の首席卒業生であるということは、いなかの人にとって後光のさすようなりっぱな肩書きだったのである。

マリ・スクロドフスカは喜んでいなかに行った。あらゆるそくばくから解放され、物理も化学も代数も幾何もすべてを忘れたマリは一年の間、あるいは見わたすかぎりの平原の中に、あるいはカルパチヤ山脈をはるかに望む高原にと旅をして、自由な楽しい日々をすごしたのであった。

一年半もワルソーをるすにしてからマリは健康にみちみちて家に帰って来たが、スクロドフスキー家の経済状態はますますわるくなっていた。寄宿生をたくさんかかえて勉強を教え、それによる収入が大きな助けになっていたが、スクロドフスキー氏は年をとってそういう負担にたえられなくなり、寄宿をやめてしまった。そして、もと住んでいたノウォリプキ街に小さなアパートを借りてそこに移り住んだ。

子供たちは、すこしでも金をかせごうと、つてを求めては家庭教師に出かけた。一時間教えれば半ルーブルである。いくら足を棒のようにしてワルソーじゅうを駆けまわったとしても、一ヵ月の収入は、たかが知れている。しかし、そうするよりほかに道はない。

一八八五年の夏の暑いある日、マリはノウォリプキ街のアパートの、風とおしのわるい自室のベッドの上に横たわっていた。家庭教師の仕事も夏になると暇で、思うように収入も得られない。その日は、ワルソーの町はずれの家に教えに行って、暑い日光の下を徒歩で三十分以上も来たために疲れていたのであった。ベッドに横たわったマリはけっして眠っているのではない。頭の中では、いろいろの考えが沸騰していた。

「こんなことをいつまで続けていても、けっしてパリに留学できないわ。なにか新しい手段を考えなければ。問題はブローニャよ。ジョジョはワルソーで医者になれるし、ヘラは音楽の教員免状を持っているから、なんとかやっていけるはずだわ。ブローニャはおかあさんがなくなってから、わたしたちのめんどうや家事をとっているけれど、医者になりたいために、パリに出たがっている。わたしもパリに出たい。だけど、わたしはまだ十七だから、二十のブローニャをさきにパリに送り出さなければかわいそうだわ。

いなかの貴族の家に住みこみの家庭教師にはいれば、食事やへやつきで年に四、五百ルーブルの収入があると聞いているから、これをわたしがやれば、その八割ぐらいをブローニャの学費に送れる。そうすれば、フランスの医者になるための五年間の学費はわたしがかせげるかもしれないわ。わたしとブローニャが競争していたのでは、ともだおれになるかもしれないし、ねえさんがいままでわたしたちのぎせいになったのだから、こんどはわたしがぎせいにならなければ……。」

姉のために働く

マリはその夜、父に相談した。マリの話を聞いてスクロドフスキー氏は感動してしばらくだまりこんでしまった。そしてぽつりといった。

「マーニャにそんな心配をかけるのも、おとうさんがいくじがないからで、申しわけないと思うよ。」

「あら、おとうさん。」

マリはあわてていった。

「わたしはそんな意味でいったのではないのよ。ブローニャがわたしたちを助けてくれたから、こんどはその恩がえしをするわけなのよ。誤解しないでね。この計画、おとうさんは賛成？」

「そりゃ大賛成だが、家庭教師の口をどうして見つける。このまえのド・フルーリー伯爵夫人のように、直接たのみにいらっしゃるかたなどはあまりないけど、そういう機会を待つつもりかい。」

ド・フルーリー伯爵夫人はスクロドフスカ夫人のむかしの教え子で、マリはこの夫人の家に二ヵ月ばかり住みこみの家庭教師をしたことがあった。

「いえ、だめよおとうさん。やはり職業紹介所にたのまなければ、直接の申しこみを待っていたら、この計画はぜったいに実現しませんわ。」

スクロドフスキー氏は、愛するマーニャがあのうすぎたない職業紹介所の待合室で、粗末な身なりの失業者たちの間にはさまって順番を待つ情景を思うと胸がしめつけられるようであった。

「マーニャ、それまでにしなくとも……。」

「いえ、おとうさん。わたしは体面とかなんとか考えないつもりよ。わたし、強くならなければいけないと思うの。」

職業紹介所の入口をくぐるのには大きな勇気が必要だ。マリはその入口の前を二度、三度往復したすえ、やっとドアをおしてはいって行った。受付がある。

「どういうご希望ですか。」

受付の老人がたずねた。

「あの、家庭教師の口をさがしたいのですが。」

「それではこれをお持ちになって待合室でお待ちください。」

マリは番号札をもらって待合室にはいった。見ると、マリのように若い娘はまれで、四十をこした労働者ふうの人たちばかりであった。若い娘もいたが、はでな服装をして、いすに腰をかけながらなにかむしゃむしゃと食べている。女工志望なのかもしれない。マリはあいている長いすのかたすみに腰をおろした。

待合室に二つのとびらがついていて、その一方には「労働」ほかには「知的業務」と書かれてある。そしてそのとびらがときどき開かれて人が出て行き、事務員らしい男が「××番」と番号を呼ぶと、その番号を持った人がそそくさとそのへやにはいって行く。マリは、この待合室の暗い、希望のないふんいきにたえられないような気がして、幾度出て行こうと思ったかしれなかった。そして、「知的業務」と書かれたへやに呼び入れられ、申しこみをおえて家に帰った時、疲れはてて、へたへたといすにすわりこんでしまった。

きょう来るかあす来るかと待っていた職業紹介所からの通知を、幾日かしてやっとうけとったマリは大いそぎで紹介所に駆けつけた。受付で通知書を見せると、老人はマリをすぐに「知的業務」のへやに案内した。机の向こうにすわっているのは、このまえ、マリにいろいろとたずねた小ぶとりの婦人である。マリの顔を見るとにっこりとした。

「スクロドフスカさん、お待ちしていました。」

マリは胸をときめかせてその前にすわった。

「このまえのあなたの申しこみをうけて、あなたの履歴がりっぱなのにおどろきました。それで、ワルソーの紳士録を調べて家庭教師の必要のありそうなところに紹介所の名で手紙を出しました。そしたら希望者が三名あるのです。この中から、あなた自身でよいと思うところをえらんでください。」

マリはこの婦人のしんせつさに感動した。ふつうならば、二ヵ月も三ヵ月も待たなければならないのに、わずか十日たらずでこうした返事を手に入れるためには、そうとうの努力が必要だったであろう。マリは三通の返事を調べ、ワルソーに住むある弁護士の家をえらんだ。

「そう、そこがよいでしょうね。わたしも賛成です。そこならば、あなたのご希望どおり、年額四百ルーブルのてあては出すといってますし、ほかの条件もわるくはありません。」

必要な手続きをした婦人は、マリに手をさしのべて握手をもとめた。

「お嬢さん、幸福にね。」マリも感謝をこめた涙のあふれそうなまなざしで、その手をにぎった。

だが、マリ・スクロドフスカはこの家庭教師の仕事の間に、人間のみにくさというものについても目を開かされたのであった。

紹介所からの手紙を持ってたずねたのは、ワルソーの町中のボルコンスキーという弁護士の家であった。きらびやかに飾られた客間、食堂。そうしたものを見るのは、質素な清潔な生活をしてきたマリにとっては、はじめてであった。ここの家で生活をはじめるやいなや、マリはボルコンスキー家をおおっている虚偽に気がついた。職業のせいか、訪問客が多い。ボルコンスカ夫人は美しく着飾り、訪問客をもてなす。そして、ロシア貴族のまねをしてフランス語で話すが、そのフランス語がとてもへたなのである。ところがその客を送り出すやいなや、まだ客が門を出るかどうかわからぬうちにメイドや召使いを相手に訪問客の悪口をいう。「ねえ、あの××夫人は借金だらけのくせに、よくあれだけの宝石を持っているわねえ。」とか、「あの○○氏は事業に失敗してすっからかんなのさ。いいきみだ。」とか、マリにとっては聞くにたえない悪口なのである。しかも、ボルコンスカ夫人は二言めには家庭教師をやとったことをじまんのたねにするのだ。

「うちの子はポーランド有数の弁護士にしたいのですけど、そのためには、よく勉強させねばいけませんので、家庭教師にめんどうをみてもらっています。どうしても貴族学校だけは卒業させないといけませんから。ええ、まずしい家の娘ですけれど、できがよいものですから、わたしのところにひきとりました。嫁入りさきもそのうちに考えてやらねばいけませんわ。」

そういう会話をもれ聞いたマリ・スクロドフスカは屈辱にからだがふるえた。スクロドフスキー一家はけっして貧しくはない。しかも、マリの嫁入りさきのことなどボルコンスカ夫人は考える必要もないのである。うそ、ていさい、かげ口。そういうものだけしか見聞きしないマリは、こういう人たちが指導者層にいればこそ、ポーランドが独立を失ったのではないかと思った。そして一日も早くこの家から出て行きたかった。しかもワルソーの生活はなんといっても金がかかり、なかなか思うように金をためることがむずかしい。けれど、ブローニャはすでにパリに行っており、住みこみの家庭教師をやめるわけにはいかない。いなかに行こう。ポーランドのほんとうのかたいなかに行こうとマリは思った。こうした時に、運よくいなかにたくさんのお礼を出すという家庭教師の口のあることを聞いた。決心は早かった。見ず知らずの他人の中に、マリはすぐにとびこまねばならないのだ。一八八六年一月一日、マリはワルソーをはなれる汽車に乗った。汽車で三時間、プシャーヌィシュという小さな駅で降りて、それから、そりに乗って四時間、シチューキというかたいなかである。マリは心細さと寒さに疲れはてて、この新しいやとい主ズボーフ氏の家に夜おそくついたのである。

このズボーフ家の生活はボルコンスキー家のそれにくらべて、はるかにこころよいものであった。ズボーフ夫妻は好人物である。それにブロンカというマリと同年の十八歳になる娘が、ワルソーの女学校の首席卒業生であるマリを、一目見るなりすきになってくれた。マリが主として教えるのは、アンズィヤという十歳になる子供なのである。すなおであるが、あまやかされた子であり、マリもときとして手こずることはあったが、しかし心から愛しもした。

日課はつぎのようなものであった。アンズィヤには午前と午後に二時間ずつ、ごく初歩の読み書き、算術を教える。午後はブロンカに三時間フランス語や代数、幾何を教えるというわけである。

十八になるのに、ブロンカ嬢は赤んぼうのようにむじゃきで人なつっこい。暇があると二階のマリのへやのドアをたたく。勉強のために、フランス語しかつかってはいけないといってあるので、マリを「マドモアゼル。」（フランス語のお嬢さんの意味）と呼ぶ。マリは、春がきてこおった道がどろどろになるころに、ブロンカといつも散歩に出るのだが、このシチューキは見わたすかぎりのさとうだいこんの畑で、それからさとうをとるための小さな工場さえ建っている。さびしいいなからしい農村を想像してきたマリにとっては、いがいでさえあった。ブロンカのたずねることはワルソーの生活のことであり、マリのたずねるのは、さとうだいこんの栽培法や、工場における製糖法であった。

シチューキの生活は単調だった。マリはまじめにブロンカとアンズィヤに勉強を教えた。だが、そうした生活の中で、村の子供たちの大部分が読み書きを知らないのに気づいてびっくりした。ロシア語のアルファベットくらいは習っているけれど、日常つかっているポーランド語のアルファベットは教えられていない。マリはここで一つの計画をたててブロンカに相談をした。

「ねえ、ブロンカ。重大な話があるのだけれど。」

ある日、ブロンカとの散歩の途中、マリはブロンカにいった。重大なということばが、しずかな、おちついたマリの口から出るのを聞いただけでブロンカはわくわくした。

「重大な話ってなあに、マドモアゼル。」

「これはぜったいに秘密なのよ。」

「ええ、わたし、秘密はまもるわ。」

「それはね、この近所の子供たちは、ロシア語のアルファベットは習っているけれど、ポーランド語のはなにも知らないでしょう。ところがわたしたちと同様に、子供たちはポーランド人で、ポーランド語を話しているわけよ。だから子供たちは大きくなったとしても、手紙一本書けないことになるわね。これからがだいじなことよ。わたしはね、子供たちにポーランド語のアルファベットを教えてやろうと思うの。」

こういってマリはブロンカの顔を見た。

「まあ、すばらしい、マドモアゼル。わたしもお手つだいしますわ。わたし、頭はあまりよくないけれど、村の子供たちに教えるくらいはできると思うの。」

「だけどブロンカ。もしこんなことをしているのがわかれば、わたしたちはシベリアに流されるかもしれないわよ。それを覚悟している？」

ブロンカの顔は一瞬さっと青くなった。そして低い声でいった。

「覚悟してるわ、マドモアゼル。」

この計画はズボーフ氏の許可を得てはじめられ、ブロンカの献身的な努力で長い間続けられた。ワルソーからアンズィヤの兄のデュレックがもどって来たので、マリの仕事はふえたが、こうしたたえまない努力のうえに、さらに、マリはパリのソルボンヌ大学のことを思って、物理、化学、数学などをひとりでせっせと勉強するのである。得た報酬はパリのブローニャとワルソーの父へ送られた。いくら金がかからぬといっても、このいなか暮らしの中で、こづかい銭は必要であった。歯みがき粉、せっけん、針や糸などは毎日の生活に必要である。それさえない日もあったが、マリはそれにたえたのである。

マリが十九の夏、ズボーフ家の長男カジミールがワルソーの大学からもどって来た。カジミールは二十歳をこえたばかりの青年だったが、一目見てマリがすきになった。マリも、率直なこの学生がきらいではなかった。カジミールはさっそく結婚する計画をたててこれを父母に話したのである。しかしこれは失敗だった。第一カジミールは学生で、自活する力がない。第二に、マリはよい娘だけれど、ズボーフ家くらいの家柄ならば、もっと金持の家からお嫁さんを、いくらでももらうことができる。両親の反対の理由はこのようなものであった。両親の反対に出あって、カジミールは悲観してあきらめてしまった。

もしマリ・スクロドフスカがカジミールと結婚していたならば、ワルソーから百キロばかりのかたいなかの地主のおくさん、マリ・ズボーヴァとして人に知られず死んでいったかもしれない。そして後年のキュリー夫人は生まれなかったにちがいない。運命のいたずらというものはふしぎなものである。

マリはなんとなくズボーフ家にいづらかった。しかし、カジミールの問題は、かれと両親の間におこったのであり、マリは知らぬ顔さえしていればよいのである。しかもブローニャや、定年で中学校の教授の職をしりぞかねばならないスクロドフスキー氏のために、どうしてもお金をかせがなければならない。ズボーフ家の人たちはわるい人ではないので、マリだけががまんすれば一八八九年までは家庭教師をつづけられるはずである。マリはじっとたえた。

おとずれた機会

マリがシチューキに来てから三年はすぎ、その間に、いろいろな変化がマリの身のうえにもおこった。まず第一に、スクロドフスキー氏が中学校を退職して、感化院〔教護院〕の院長になった。これは俸給が多いために、いやな仕事であるけれどひきうけたのである。それによって、父がブローニャにお金を送ることができる。それで、マリは自分のために貯金ができるようになったのである。ブローニャは医師試験もパスし、同国人の医師のカジミール・ドルスキー氏と結婚しようとしている。マリも一八八九年の四月にシチューキに別れをつげた。ズボーフ一家の人から惜しまれて、さとうだいこんと製糖工場の村を去った。

つぎの家庭教師の口はすでにきまっている。ワルソーに帰ってゆっくりする暇もなく、新しいやとい主のフランスキー一家に加わるため、避寒先のバルチック海沿岸のゾポトにいそぐのであった。

フランスキー家は金持であり、フランスカーヤ夫人は美人でワルソーの社交界でも有名な人であった。マリにとってもさいわいにも、この夫人はマリをひじょうに愛してくれたのである。マリにとって、ときとしていささかめいわくなこともあったが、このフランスキー家の生活は平穏でこころよいものであった。パリに出て勉強することもほとんど忘れ、家庭教師という仕事に満足して、マリ・スクロドフスカは平凡な生活をこのまま送ってしまうようにみえた。この時、パリのブローニャからマリにあてて、早くパリに出て来るようにと、手紙がきたのであった。

フランスキー家で与えられたへやは、マリにはもったいないくらいのりっぱなものであった。そのへやの中を一八九〇年三月のある日、青ざめた顔をしたマリ・スクロドフスカが動物園のくまのようにせかせかと歩きまわっていた。

右手にはパリからきたブローニャの手紙を持っている。それには、ドルスキーがまもなく博士になり、ブローニャはかれと結婚するであろうと書いてあった。お金をためてパリに来るならば、新家庭に喜んで迎え入れ、あらゆる便宜をはかれるであろうと書いてあった。

マリは、この手紙によって、パリへのあこがれをふたたび新たにしたのである。ソルボンヌ大学！　高等数学、解析幾何学！　ああなんとすばらしいことだろうか。しかし、年老いた父、その父もあまりにもつらいので感化院の院長をやめてしまった。それにひとりだちできないヘレナがいる。ジョゼフもまだ勉強ちゅうである。こういう人たちをすててパリに行ってよいものだろうか。マリは姉にあてて、パリに行かないと書き送った。その手紙を出してから、マリは暗い顔をしてへやにもどり、声をたてずに泣いた。

「ねえ、マーニャ。ブローニャに返事を出したかい。」

スクロドフスキー氏は台所でかちゃかちゃと食器を洗っているマリに声をかけた。

「いいえ、まだなの。」

「ブローニャがあれほどいってくれるのだから、パリに行く決心をしたらどうかね。わしのことは心配しないでよいから。それに、おまえがあれほどあこがれていたパリに行かないのは、わたしが利己主義からおまえをつかまえてはなさないのだと、ブローニャに思われでもしたらわしもつらい。おまけに、マーニャだって、もうまもなく二十四になる。いまからでもおそくはない。パリに行って、おまえよりも若い学生たちにまじるのはたいへんだろうけれど、この機会をのがすと、もうぜったいに二度と機会はないかもしれない。機会という神さまは前髪だけしか持っていないから来た時にそれをつかむものだ。行きすぎると、はげぼうずだからもうつかめないぞ。どうかね。農工業博物館で実験をするのもよいけれど、晩餐のあとで出かけるのはたいへんだし、よい指導者もいないからふじゅうぶんだともいえよう。よく考えてから、ブローニャにパリに行くと返事を出したらどうかね。」

マリはだまって返事をしなかった。そして、台所をかたづけてきれいにしてから服を着かえ、かばんを小脇にかかえ、「行ってまいります。」といって父の額に接吻をした。

ワルソーの郊外クラコー区にある、二階建ての小さな「農工業博物館」は、いとこのジョゼフ・ボグスキーが館長をしていた。これは博物館という名まえではあるけれど、ポーランドの人々に、自然科学というものを普及させるために作られた一種の実験室ともいえる。ロシアはポーランド人が新しい自然科学にめざめることをきらって、こうした実験室は禁止していたのであるが、ボグスキー氏は博物館の名でこうしたものをつくりあげたのである。

マリは、もう何ヵ月も前からここで物理や化学の実験をしていた。「アンペアの法則」「オームの法則」などというきわめて初歩の電気学実験ばかりでなく、試験管やフラスコをふって、定性分析をした。無色透明な液体が与えられる。この中にどういう元素がふくまれているか。これが問題で、マリは実験手びきをたよりに、銅、亜鉛、銀、鉄などのイオンの存在を見つけたりして喜んでいた。

その夜、この博物館に来たマリはしずんでいた。がらんとしたへやにいるのはマリだけである。マリはなやんでいた。パリに行きたいのはとうぜんであるが、父や姉たちの生活の心配以外に、パリに出てはたしてりっぱな博士になれるかどうかマリには自信がなかったのであった。女学校を出てすぐパリに出かけたとしたらよかったであろうが、家庭教師をしてすごしたこの長い歳月はとりかえしのつかないものではあるまいか。フランスの若い学生にまじって、年の多いポーランド娘が試験に苦しみ、落第したりする姿が目に浮かぶ。マリの心の中にあったのは自己の力量にたいする不安であった。

その夜マリがやった実験は、ニュートン環の観察であった。これによって、平なガラスの面の凹凸の状態が見られるし、光の波長もはかることができるはずである。ところが、顕微鏡の下にはなにも見えないのである。本に書いてあることをよく読み、やりかたにまちがいのないのをたしかめ、顕微鏡をのぞいてもなにも見えない。マリは悲しくなった。

「やっぱりわたしはだめなのだわ。」

がっかりして、本を机の上に投げ出したマリは、実験装置をかたづけて帰ろうと思った。しかし、もう一度念のためにのぞいてみると、どうだろう、ちゃんとニュートン環はそこに見えるではないか。気をつけると、ニュートン環は最初から見えていたのであったのに不注意な見かたをしたので気づかなかったのである。マリはむちゅうになって顕微鏡を調節し、環の直径をはかって計算してみた。ちゃんと正しい答が出た。

この実験はマリの心に窓を開いたといえるかもしれない。

「わたしの不安は理由があるかもしれないし、理由がないかもしれない。ソルボンヌ大学で勉強して、ほかの若い学生たちと、ともにやっていけるかいなかは、パリに行ってみねばわからない。ブローニャの手紙は、それを試してみる機会を与えてくれた。うじうじと考えないで、ひとつやってみよう。やってみるだけの価値はあり、失敗してもけっして損はない。」

マリはこう考えた。そして、一八九一年九月にブローニャにあててパリに行く決心をつげたのであった。

第四章　未来の夫に会う

すくいの友情

一八九三年の六月のある日、マリ・スクロドフスカは寝ぶそくの目をはらしながらサン・ジョック通りをいそぎ足に下っていた。登校するルイ大王中学の生徒がわいわいと騒ぎながら門の中にすいこまれるようにはいって行くのを見ながらソルボンヌの通用門をくぐった。曲がりくねった廊下も、もうなれてまちがいっこはない。理学部の大廊下には、すでに学生が集まって、もうもうとたばこの煙がたちこめている。マリはそのかたすみにそっと立って、窓から中庭をだまって眺めていた。

「なんだ、いやに待たせるなあ。」

「先生は忘れたんじゃないかな。」

「忘れるはずなんかあるものか。」

学生たちは、がやがやとそんなことをいいあっている。そのうちに、

「来たぞ、来たぞ。」

という声がした。理学部の事務主任のショータン氏が、いつものようにぜいぜいと息をきらしながらやって来た。小使いがふたり、ふみだいを持って来る。学生たちの騒ぎの中に、ショータン氏はふみだいの上にあがり、小脇にかかえた大きな紙を壁にピンでとめた。

「下記のもの物理学士試験に及第す。」

と、いかめしい書体で書かれた文字が出たかと思うと、すぐに「**マリ・スクロドフスカ**」と書かれてあった。

「マリ・スクロドフスカってだれだい。」

「すげえぞ、すげえぞ。」

「あのいつも講堂でいちばん前にすわっている女学生さ。」

「ああ、あのおばちゃんか。」

そんな声をうしろに聞きながら、マリはいそいで逃げるように出口へと向かった。

「及第するかしないかさえ心配だったのに、及第していて、おまけに一番だなんて。とても信じられないわ、信じられないわ。」

マリはぽうっと、からだじゅうが熱くなり、口がかさかさにかわいていた。はっと気がつくとサン・ミシェルの大通りに出ている。まっ赤に興奮しているマリはリュクサンブール公園にはいって行った。美しい花壇があり、中央のまる池では大ぜいの子供たちが喚声をあげながら小さなおもちゃのヨットなどを浮かべているのを見ながら左に折れて、天文台の方へ歩いて行った。

この成績はまったくマリの予想もしないものであった。たとえビリでも及第することを神かけて祈りたいような気持で試験に出たのだった。ずらっとならんでいる学生はだれもみな自分よりは五歳は若いはずであり、だれもが秀才そうに見えた。試験問題はさいわいにみな勉強してあったものばかりで、じゅうぶんに書くことはできたから、落第はしないだろうと思った。落第さえしなければとは思ったが、やはり発表の前の晩は眠れなかったのだ。それが一番だというのである。

どこをどう歩いたかわからないが、マリはフラテル街の自分のへやにいた。水ばかりがぶがぶと飲んだ。酔ったような気持なのである。なにもせず、着物も着かえず、マリ・スクロドフスカは夕がたまでぐっすりと寝こんでしまった。

目をさました。明かるい初夏の日ざしが窓からそそぎこんでいる。時計を持たないマリは日ざしを見て、

「あら、もう夕がただわ。」と思った。気がつくと、くつこそぬいではいるが、着のみ着のままなのである。おや、と思った。

「わたし、どうしたのだろう。」

頭がだんだんとはっきりしてきた。

「そうだ。わたし一番だったのだわ。」

きゅうにあふれるような喜びが全身にわきあがってきた。

「ブローニャに知らせなければ……。」

マリはとびおきて、水さしの水をタオルの上に流し、そのタオルで顔をごしごしとこすった。ぬりのはげた鏡を見ながら髪をとかしてピンでとめ、くつをはい

て、がたがたと階段をかけ降りた。四階、三階、二階。その時、下からもがたがたと階段を上がって来る音がする。階段の中央でばったりと顔をあわせた。

「マーニャ。」

「ブローニャ。」

「よかったわ、よかったわ。」

「ねえさん、うれしい。」

ふたりは同時にいって、ぴったりと抱きあった。ふたりとも声をあげて泣いた。気がつくと、アパートの人たちがびっくりした顔をしてふたりの周囲にいた。

「どうしたのですか。」

とたずねる人もある。ふたりはきまりがわるく、まっ赤になった。

「いえ、あまりうれしいことがあったものですから。」

ブローニャはそういってみなに会釈し、マリをつれて階段を降りた。

「ポーランドの学生たちがお祝いに来てくれたのよ。マーニャがわたしの家に来てるだろうと思ったのでしょう。ところがわたし、なにも知らなかったの。だからとんで来たわ。カジミールも待ってるわ。うんとごちそうするから、うちにいらっしゃい。ねえさんもとてもうれしくって乗合馬車など待っていられないから、辻馬車をおごるわね。」

気持よくゆれる辻馬車の中でマリは幸福だった。そしてドルスキー博士の家では、生まれたばかりの赤んぼうはかわいく、あれほどうるさいと思った博士の陽気なおしゃべりも楽しかった。そして、ブローニャのつくった料理のおいしかったこと。

その夜、パリに来て、はじめて、マリ・スクロドフスカはぐっすりと眠った。

この日からポーランドの娘マリ・スクロドフスカは、自分の能力に自信が持てるようになった。そのむくいに夏休みがやってきた。マリはほがらかな気持で、節約しておいたお金でおしげもなくみやげものを買ったのである。フラテル街にある身のまわりの品物は、ぜんぶポーランド人の友だちのところへあずけた。

「いざゆかん、ふるさとの国へ。」

そんなことを口にしながら、マリはパリの北停車場をはなれた。

ワルソーの生活は楽しかった。ただ気にかかるのは、秋からの新学期の学費をどうするかである。そういうある日、ズィズィンスカがたずねて来た。ソルボンヌで数学を勉強しているかの女は、マリのよき友であった。娘らしい大げさなあいさつがすむとズィズィンスカは用件をきりだした。

「マーニャ、あなたは新学期からの学費をどうするつもり。」

「それで毎日頭をなやましているのよ、どうしたらよいかと思って。ポーランドで家庭教師を一年やれば、パリで暮らす一年分のお金がためられるかとも考えているのよ。」

「だめ、そんなことをいっては。マーニャはことし一番をとったでしょう。その勢いで来年の数学の学士試験をとらなければいけないと思うわ。それでね、よい話があるのだけれど。それは、こんど『アレクサンドロウィッチ奨学資金』というものが設けられ、外国、とくにフランスで勉強する学生にお金をいちじ貸すということになったの。年額六百ルーブルだからわるくないでしょう。」

「そんな資金をわたしがうける資格があるかしら。家庭教師で何年も空費し、年をとっているわたしが。」

「それだからマーニャはだめだっていうの。ソルボンヌで一番をとったことは、マーニャがその資格がじゅうぶんある証明じゃないの。よいことにわたしの父が文部省にいてその係なの、できるだけのことをするっていってるわよ。」

「どんな書類を出すのかしら。どこへもらいに行けばよいのかしら。」

「はい、ここに願い出る用紙。それに戸籍やなにやが必要で、こまかいことはみな書いてあるわ。この願書を期限までにかならず出すのよ。えんりょなどしてはだめよ。」

夢のような話であったが、それが実現した。そして、ソルボンヌの講義は十一月にはじまるというのに、マリ・スクロドフスカは九月のはじめにパリに来ていた。新しい下宿をフィアンチーヌ街に見つけた。ここは前のフラテル街とソルボンヌとの中間で、大学まで歩いて七分ばかりのところである。法学部の裏のパンテオンのまる屋根が窓から見える。マリは満足だった。かの女が一番で通った物理学の学士試験に落第し、秋にもう一度追試験をうけるというフランス人の女学生の勉強を見てやって、すこしばかりのお金をかせぐあてがあった。

それから、工業振興協会からとくにスクロドフスカ嬢を指定して、鉄鋼の磁性に関する調査をたのんできた。時計や精密機械の部分品に、はがねをつかうけれど、これが磁石のそばにおかれたりすると、磁性をおびて機械がくるうことがある。それを防ぐ方法を考えてもらえないかというのであった。これからもお金がはいるはずである。勉強のじゃまにはなるけれど、マリは喜んでやるつもりではあったが、いったいそういう実験をどこでやったものだろうか。

ピエール・キュリーを知る

マリはちょうどパリに来ていた、スイスのフライブルグ大学の教授である同国人のジョゼフ・コヴァルスキー氏に相談をしてみた。コヴァルスキー氏には家庭教師をしていたころシチューキのズボーフ家で会ったことがあり、しんせつな人としてマリは尊敬していたのである。

コヴァルスキー教授は長いひげをなでながら、しばらく考えこんだ。

「そうですね。ソルボンヌのリップマン教授のところだってあのように手狭だし、わたしがたのめば、いやとはいうまいが、手狭なことを知っていてたのむのはつらいですからね。
あっ、そうだ。ローモン街の物理化学校ならよいかもしれない。あそこに若いけどりっぱな業績をあげた物理学者がいまして、ちょうどスクロドフスカさんの調べようとしていることで世界的に有名になろうとしています。
ええと、いちばんよいのは、その人を夕食後に招いてお茶をごちそうし、あなたをその席で紹介して、たのんでみることでしょう。専門からいって、あなたの指導者としてうってつけだと思います。名まえはピエール・キュリーといいます。率直なよい人ですよ。」

話はかんたんだった。ピエール・キュリーは自分の組み立てた磁性測定装置をマリに喜んでつかわせてくれることになった。コヴァルスキー教授の夏の間だけ借りた小さな家の客間ではじめて会った、マリ・スクロドフスカとピエール・キュリーとの間の会話は、いきいきと魅力にみちたものであった。

物理化学校というのはパリ市立で、工業関係の中級技術者養成の学校である。フゥイアンチーヌ街のマリの下宿から歩いて三分ほどのところにある。古い学校で、すべてがこけむしたようで、壁などもあちこちはげおちている。マリは門番のじいさんに教えられたとおり廊下をまわって地下室に降りた。物置小屋のように、こわれたいすとか、紙くずをつめこんだほこりだらけの戸だなのあるかたすみに小さなドアがあり、そこに「実験主任」と書かれてある。マリは軽くドアをたたいた。

「おはいりなさい。」

その声にドアをそっとおし開くと、実験中のキュリー氏はマリをふりかえり、にっこりと笑って招き入れ、マリに壁ぎわにならんでいる大きな電磁石や、磁石ばかりを見せた。

「この電磁石は、物置にさびてころがっていたのを持って来て修理したものです。このはかりは、わたしにしてはちょっと得意なのですが、これをごらんなさい。」

指さされた小さなガラス窓から見ると、小指の先ほどの鏡が目に見えない糸にぶらさがり、その先にはマッチの棒のようなものがついている。

「これはわたしが考案したものです。そのマッチの棒のようなものは磁石です。こんなかんたんな装置で磁性の精密な測定ができるから楽しいんですよ。」

マリはうっとりと、こうしたことばを聞いていた。だれのまねでもなく、自分自身の考えた装置で、世界のだれもやったことのない研究をするなんて、なんてすばらしいことだろう。

「いまこの装置があいていますから、あなたがおつかいになってよろしいのです。」

「あの、わたし、つかいかたもなにも知らないのですけれど。」

「それはあたりまえです。つかいかたを知っているのは世界でわたしひとりですよ。わたしが考案したのですからね、だからよくお教えします。一度覚えてしまえばほんとにかんたんなものです。」

マリは二、三日後に、調べるべき資料をそろえてふたたびたずねることをやくそくした。キュリー氏はマリに「ご参考までに。」といって、氏がそれまでに発表した論文の別刷りをいくつかくれた。これは学術雑誌に論文を発表すると、その著者の論文だけを別に印刷して著者にくれる。著者はそれを他の学者にくばって、自分の業績を認めさせるようにするためのものなのである。

マリは下宿にもどってそれを読んだ。「ピエゾ（圧）電気について」という論文がある。ピエゾ電気などというへんなことばをマリははじめて知った。水晶のような結晶を、ある方向からおすと、その結晶の両端に電位差が生ずる。つまり、この両端を銅線でつなぐと、それを電流が流れるということで、それをキュリー氏は発見しているのである。発表されたのは一八八〇年となっている。マリはおやっと思った。

「キュリー氏は見たところ三十五、六歳。いまは一八九四年。すると、この論文は二十一、二のときに書かれたことになる。」

マリはびっくりした。そんなに若くてこれだけの仕事をした人が、物理化学校の実験主任というささやかな地位にいることも、理学博士の学位をとっていないことも、マリには理解できないことであった。

「きっと、なにかあるのだわ。キュリーさんがよっぽどのかわりもので、学位論文を書かないのか、あるいは、キュリーさんがあまりよくできるので、ねたまれて出世できないようになっているのか、そのどちらかにちがいないわ。」

こうしたマリの考えは、キュリー氏の論文を読んでいくうちにますますたしかになっていく。ピエゾ電気ということは、物理学上の大発見であるようだが、キュリー氏はその原理を利用し、きわめて微少の電流を精密に測定できる装置をつくりあげた。ピエゾ電気計と呼ばれるものがそれである。これは、キュリー氏の発見した原理にもとづいて、水晶の結晶をあるきまった方向にきった板をつくる。この板の両端にうすい銅の箔をおき、さらにその上にうすい雪母板をおいて他と絶縁できるようにしてある。ガルバノ・メーターといって、ごくわずかの電気にも敏感にうごく機械がある。これにまだ知られてない、測定しようとする電流を流すと、ガルバノ・メーターについている小さな鏡が曲がる。これにピエゾ電気を与え、鏡がもとの位置にもどるようにしておいて、水晶板に加えた圧力を見れば、ピエゾ電流の量はすでに知られているから、それと平均する未知の電流の量もわかるという原理である。たいへんかんたんで巧妙な方法にマリはびっくりした。

キュリー氏の論文の別刷りはまだある。鉄のような磁性の強い金属の温度をだんだんと上げていってやると、ある温度で磁性がなくなる。その磁性の失われるありさまは、ある法則にしたがう。それをキュリー氏は実験によって見いだしている。今日においては、金属などが磁性を失う温度を「キュリー点」と呼び、磁性の変化について存在する法則を「キュリーの法則」と呼んでいるが、マリが別刷りを読んだ当時は、まだそこまで世界の学者たちの承認を得ていなかった。けれどすばらしい業績であることにはかわりはない。

マリはすっかり感激してしまった。物理化学校のあのむさくるしい小さなへやでなされた仕事であるだけに、逆にその業績のみごとさがいっそう明らかになるような気がする。

「わたしもいっしょうけんめいやらなければ……。」

マリはかたく決心したのであった。そして、数学の学士試験の準備をしながらも、毎日のきまった時間を物理化学校ですごすのである。そうしているうちにキュリー氏の家柄などもだんだんとわかってきた。

ピエール・キュリー氏は一八五九年五月十五日、パリのノートルダム寺院の下ともいえるキュヴィエ街で生まれた。父のユージェーヌ・キュリーは医者で出身はアルサスであり、ねっしんな新教徒であった。キュリー家がカトリック教徒でなくて、新教徒であるということはだいじな意味を持つといえよう。それは、キュリー家は古い伝統やしきたりに、それほどこだわらないという自由な考えかたを、たいせつにする家柄だった。でなければ、フランスの中流家庭で、外国のまずしい娘を嫁に迎えるというようなことはなかった。

ピエールは次男で、兄はジャックといった。ふたりとも科学に、若い時から大きな興味を持っていた。医師のキュリー氏は、宗教が、いや宗教というよりもカトリック教の僧侶たちが支配している、官立の高等中学校をきらったので、ピエールは自宅で教育することにした。後になって、官公立の高等中学校からは宗教を追いはらうことになったが、ピエールの少年時代にはまだまだカトリック教の勢力は強く、パリの町の新教徒などはまるでのけものにされるような時代だった。

ピエールは十六歳で理科大学入学の資格試験に及第した。そして、ふつうの人がこの資格試験にやっと及第する十八歳には理学士になっていた。十九歳の時理科大学の助手になり、同じくソルボンヌの助手である兄のジャックと協力して、二十一歳の時にピエゾ電気の発見をしたのである。

一八八三年に、兄のジャックはモンペリエ大学の教授に任命され、弟のピエールは物理化学校の実験主任という、ささやかな地位についた。なぜこんな地位についたかといえば、ピエールが無欲であったのも一つの理由であるが、かれがポリテクニック（理工科学校）やエコール・ノルマル（高等師範学校）というような、「よい学校」の出身者ではないということも、大きな原因であったと考えられる。ソルボンヌ大学の卒業だけでは、フランスの学界で出世がたいへんむずかしいので、ソルボンヌ大学理学部教授のほとんどは右にのべたような学校の出身者である。

　ピエール・キュリー氏の特徴は、宗教にも人種ということにも、なんのかたよった考えを持たないこと、また、人をおしのけて出世しようなどとせず、学問を愛する心はどんな他の学者よりもはげしい情熱を持っていた。しかもそれだけの才能もあったのである。そして、三十五歳まで独身でいるということは、独身者の多いといわれるフランスでもめずらしい。それは勉強にいそがしかったこともあろうけれど、ピエールの周囲にピエールの気持にぴったりあう女性がいなかったからかもしれない。こうしたピエール・キュリー氏と、マリ・スクロドフスカ嬢とが知りあいになったということは、いわば神が与えたものを、ふたりがすなおにうけとり、結婚生活へとしぜんに向かっていったのだといえないだろうか。

　しかし、そうなるまでは、けっして平な、らくな道ばかりではなかった。

マリは数学の学士試験を二番の成績でパスし、工業振興協会からたのまれた調査もおわった。そして、一八九四年の夏休みを故郷のポーランドですごすために、迎えに来た父のスクロドフスキー氏とともに北停車場からパリをはなれた。がたがたとゆれる車室の中でマリはパリの生活を思い出していた。自分に厚意を持ってくれるピエール・キュリー氏のことが忘れられない。そしてりっぱな人から愛されているということが、マリの顔をいきいきと美しいものにしていた。スクロドフスキー氏はそうした娘のようすを、慈愛ふかいまなざしで、あきることなく眺めるのである。

「ブローニャは、なかなか料理がじょうずになったねえ。」

スクロドフスキー氏はおべんとうの包を開き、マリにすすめながらそういった。汽車はフランスとドイツの国境をすぎて夕闇の中をひた走りに走っている。

「カジミールがなかなかの食いしんぼうですし、それにあの家はお客が多いでしょう。ブローニャも、どうしても、お料理を勉強するようになりますわ。」

マリはそう答えた。ポーランドふうの手のこんだおべんとうは、ほんとにおいしい。

「マーニャも勉強しすぎて、からだを弱らせていはしないかと、パリにつくまでは心配だったのだが、……健康そうなのでわたしは安心したのだよ。」

「健康がいちばんたいせつなことはよく知っていますもの。おとうさんの心配は思いすごしよ。」

「そうだ。奨学資金もあるし、工業振興協会の仕事もあったし、前にくらべれば経済状態ははるかによいことは知っていたがね。こうして、ブローニャのおかげで、パリまで出て来られたのはありがたいことだ。わたしは子供たちの結婚や学校へ行くための費用を、だまされてとられてしまうようなばかものだが、子供たちがりっぱにやってくれるのが、なによりもうれしいことだと思う。

　それから、ブローニャとも相談したのだがね、おまえももう二十七になる。わたしもおまえの結婚のことを考えねばならぬと思って、てきとうな候補者をさがしていたのだ。よい人がいる。くわしいことはワルソーに帰って話すけれど、わたしのように中学の教授だがまじめなよい青年だ。おまえもポーランドに帰れば、中学校の先生をやることになるだろうが、夫婦ともかせぎなら、そうとうの収入を得ることはできるし、子供ができたら、わたしがそのせわをひきうけてもよいと思っているのだ。こういう話はどう思うかね。」

マリも父からそんな話が出るだろうとは、うすうす気がついていたので、おどろかなかった。いつかは結婚しなければならないのだが、しかしすくなくとも、ことしはいやだと思った。

「だっておとうさん。教員免状など、パリでこれからとらねばならないのよ。」

「おまえがもうとっている物理と数学の学士試験だけで、ポーランドでは先生になれることくらい、知っているだろうが。」

「そりゃ知ってますわ。だけど、わたし、もう一年考えたいわ。」

「そりゃや、マーニャの気持ひとつだ。ブローニャも、むりをしてはいけないと、くれぐれもいった。わたしとしては、わたしにつごうがよいから、おまえを自分のそばにおきたいため結婚をすすめるのでないことを、よくわかってほしいのだ。もう一年考えるのはけっこうだ。しかし、ワルソーでおまえの候補者に会ってやってもよいのではないかね。」

「ええ、いくらでもお会いしますわ。だけど、交際すると結婚しなければいけないっていうんじゃこまるわよ。」

「それはよくわかっている。」

楽しい日々

マリは、暗いランプのついている車室の中でよく眠れなかった。ピエール・キュリー氏のことを思っていたのである。背の高い、やさしい話しぶりのあの学者のおもかげが、パリを去るやいなや、マリの頭からはなれなくなってしまったのである。

フィアンチーヌ街の下宿へ訪ねて来たキュリー氏は、あまりに質素な生活におどろいたように、あたりを見まわしたものだ。女ひとりの下宿に、いままで一度だって、男の人のたずねて来たことはなかった。マリは自分のへやの番号も、下宿の番地も男の人には教えたことはなかった。しかしキュリー氏は別である。キュリー氏は、アルコール・ランプでわかしたお茶を飲み、そまつなおかしをつまんでは、長い間科学のことについて話していった。それから自分のおいたちのこと、両親や兄のことまで話した。それは、うらやましいくらいにしっかりと愛によってむすばれた家庭であった。マリはフランスの中流の家庭にありがちな、人種がちがうから、どうとかというせまい考えがこの一家にはないことを感じた。カトリック教の家庭は、カトリック教以外の家庭と交際しようともしない。そして、「ポルスカ」と、けいべつしたようにポーランド人のことを呼ぶような人は、キュリー家にひとりもいないらしいことをうれしく思った。

「マリさん。あなたのおうちは、どうなのですか。」

キュリー氏はこうたずねる。マリはいきいきした表情で、ワルソーのスクロドフスキー一家の生活を話した。フレタ街の思い出、ノウォリプキ街の生活、家庭教師時代のシチューキの毎日。あかでよごれた、はだしのいなかの子供たちに、秘密でポーランド語のアルファベットを教えた話は、キュリー氏を喜ばせた。

「そんなに、ポーランドという国は、圧迫されているのですかね。フランスはロシアと同盟をむすんでいるので、そうした話をわれわれはほとんど耳にしませんが。もっともポーランドの亡命者がたくさんパリに来ているので、その人々から話を聞いておれば、正しいことはわかっていたのでしょうに。ポーランドについて、まったくなにも知らないわたしを、どうかけいべつしないでください。」

「けいべつなんて、とんでもありません。」


ある六月の日曜日。ピエール・キュリー氏は、マリ・スクロドフスカ嬢をさそって、セーヌ川を乗合船で下っていた。ゆるやかな流れの中を、大きな水車を両側につけた船が、しずかに下って行く。ブーローニュの森、サン・クルーの森。

「ほら、あの山の中腹に白い建物が見えるでしょう。あれがメートル局です。メートルやキログラムの原器をあそこで保管してるのですよ。あの下が有名な、セーヴルの陶器工場。」

マリは、ポーランドでは貴重品となっている、「セーヴル」という名の陶器がつくられている工場をはじめて見たのである。

ふたりはアルジャントイユで船を降りた。見わたすかぎりの青草の牧場、その間をぬうようにして小道が走っている。川の上ではボート遊びをしている人も多い。

「パリの近くに、こんなよいところがあるなんて、わたしすこしも知りませんでしたわ。」

上気した顔でマリはいった。

「セーヌを下って行くと、マルメーゾン・ブーシヴァルがあります。さらに下るとメーゾン・ラフィット、それにサン・ジェルマンの森と、散歩にはとてもよい場所ですよ。すこし休みませんか。」

キュリー氏はマリをさそって川岸の小さな料理店にはいった。おいしい料理に、すこしばかりのぶどう酒を飲んだマリはほがらかになって、小声でポーランドの民謡を歌った。

「そのメロディーは、聞いたことがありますよ。お国のピアニスト、ショパンがピアノ曲にしていませんか。」

「ショパンのマズルカ、ポロネーズなどは、みなこうした民謡をもとにしていますのよ。」

「きれいですね。もう一度歌ってくださいよ。」

ソルボンヌの小さな講義室。ここで毎月一回物理学会の集まりが催されるのである。ピエール・キュリー氏が「物理現象における対称について。電場と磁場の対称」という講演をすることになっている日、マリ・スクロドフスカは聴衆の中にまじってキュリー氏の話を聞いた。

パスツール氏が結晶の対称ということより立体化学の基礎を開いたことから説きはじめたキュリー氏の講演は、マリに大きな感銘を与えたのであった。講演のおわったあとで、物理学会長のリップマン教授は、キュリー氏の「透徹した理論」に敬意をあらわし、「そのみごとなる発展にフランス物理学会は大きな関心を持つこと」をのべたのであった。いつものやさしいキュリー氏の顔にはなにか厳粛なものが見られ、かれののべる一語一語が、それぞれふかい意味を持つことをマリは感じた。

講演がおわって廊下に出ると、キュリー氏はそこに立っていた。

「よく来てくれましたね。どうもありがとう。」

「お話、ほんとうにりっぱだと思いましたわ。ああいうよい講演を聞かせていただいて、わたしこそお礼を申しあぐべきだと思いますの。」

数学の学士試験が二番でパスした日も、キュリー氏はマリをその下宿にさそいに来た。

「おめでとう。お祝いのしるしに晩のお食事をさしあげたいと思いますが。」

マリは喜んでその招待をうけた。

「今夜は、ポーランド料理はどうですか。」

キュリー氏はいった。

「ポーランド料理といっても学生相手のみぐるしいものしかありませんけれど。」

「それでよいではありませんか。ぜひつれて行ってください。」

マリはキュリー氏を、ソルボンヌの裏の小さなポーランド料理店に導いた。キュリー氏は大喜びでその料理を食べた。

「マリさん、この夏休みはポーランドに帰られるのでしょうね。」

食事のおわったあとでキュリー氏は心配そうな顔でたずねた。

「父が迎えに来ますし、どうしても帰らねばならぬと思っています。」

「またパリにもどってこられますか。」

「さあ。」

郵便はがき

168-0063

おそれいりますが切手をおはりください。

（受取人）

東京都杉並区和泉三─一五─一

株式会社

童話屋

出版部 行

ご愛読ありがとうございます

童話屋の本、お楽しみいただけましたか？ご感想・ご希望をお聞かせください。

フリガナ　　　　　　　　　　　　　　　（　　　才）

お名前　　　　　　　　　　（お仕事　　　　　　　）

〒

ご住所　　　　　　　　☎　　　（　　　）

この本の書名	この本をお求めになった書店名

この本をお知りになったきっかけ	いままでにお便りを送ってくださったことがありますか？ はい　　いいえ

おたよりを、どうぞ。

マリは口ごもった。もどってこられるかどうかははっきりしない。もどって来たいのだが、ポーランドで働くことも考えなければならない。スクロドフスキー氏も老人になって、いつまでもほっておくことはできないからである。

「ぜひもどって来てください。」

キュリー氏は思いつめたような顔をしていった。マリにはキュリー氏のその気持がわかるような気がした。もどって来たい。だがそれができるかどうか。

「わたしだって、どんなにかもどって来たいでしょう。」

マリはぽつりとそういった。

汽車はたえまなく、がたんがたんとゆれながら走っている。外はまっくらでなにも見えない。

「もうすぐライプチッヒかしら。」

マリはそんなことを思った。スクロドフスキー氏はかばんにもたれて、すうすうと気持よさそうに眠っている。その父にもしらががおどろくほどふえた。若いころにくらべればだいぶやせたが、健康にはこのほうがよいのかもしれない。しかし、年が年だから、このままほうってパリにふたたび出るのはどうだろうか。

マリは去ってきたばかりのパリやピエール・キュリー氏を恋しいと思った。汽車からとび降りて、そのままパリにもどりたいくらいに、ピエール・キュリー氏を恋しいと思った。

第五章　新しい人生へ

祖国を思うなやみ

「ピエール、そのマリ・スク……うふん。マリ・スクロドフスカという娘に一度会ってくれというのは、おまえがその娘を妻に迎えたい気持を持っていると解してもよろしいかな。」

「ええ、おとうさん。」

「おまえの気持はわしは知りすぎるくらい知っているので、おまえの選択にたいしてわしはなにも異議を申したてん。しかし、フレネーの家のルイズにしろ、デュコーの家のテレーズにしろ、おまえさえ『うん』といえば嫁に来てくれるフランス娘がいくらでもいるのに、どうしておまえがそのポーランド娘をえらぶかという説明を聞かねば、わしとして承知できないじゃないか。おうい、エレーヌ、ちょっとここに来てくれよ。」

「はぁい、いますぐ行きますよ。」

台所のあたりから返事が聞えてきた。

それは暮れようとして暮れるでもない、パリの郊外の八月の夕がたのことであった。ここソーの町には菩提樹の並木が多く、そのやさしい甘い花のかおりはサブロン街十三番地のユージェーヌ・キュリー医師の家の表庭まで、ただよってくるのである。迷信ぶかいカトリック教信者とはことなり、十三番地に住むのを、なんとも思わないのは、キュリー一家の合理的な考えかたを率直にしめしているといえようか。夕食後、裏庭のかしの大木の下で、キュリー医師と息子のピエールはねっしんに語りあっていた。

「おまちどおさま。なんのご用。」

白髪の柔和な顔に微笑を浮かべたエレーヌ夫人が手をふきながらふたりのそばに来た。

「まあ、おすわりなさい。ピエールがね、お嫁さんをもらおうといいだしたんだ。」

「ブラボー、ピエール。すばらしいじゃないの。それでルイズにしたの、それともテレーズ。」

「そうじゃあないんだよ。ピエールのもらいたがっているのはマリ、うん、なんといったかな、そうそうマリ・スクロドフスカというポーランド娘なんだ。」

「まあ、ピエール。なにもよりによって、ポーランド娘をもらわなくたって、フランスにたくさんよい娘さんがいるじゃあないの。」

「それだ、わしのいまいったことは。で、ピエールがどうしてそのポーランド娘をえらんだかをふたりで聞こうというわけだよ。」

ピエール・キュリーはちょっとだまりこんで、それからいった。

「ルイズもテレーズもよい娘です。けれどあの人たちは、わたしのやる仕事をほんとうに理解しているとは思いません。だいぶ前ですけれど、フレネー氏はわたしに、キュリーさんがソルボンヌの教授になるのはいつだろうと、じょうだんまじりにたずねたことがあります。わたしはソルボンヌの教授になるために勉強しているのではありません。いわば『知る』という楽しみ、しかもそれが人類のなにかの役にたつという気持のために勉強しているといったほうがしょうじきでよいでしょう。したがって、わたしの眼中にはソルボンヌの教授も学位もないのです。わたしのピエゾ電気の発見は、ちゃんとまとめさえすれば学位論文になります。リップマン先生もすすめてくれます。しかし、いまさら理学博士などになったってはじまらないと思います。それよりも英国のケルヴィン卿の賞讃の手紙のほうが、どんなにかわたしにはうれしいのです。

　こうした気持を、ルイズもテレーズも理解してくれているとは思いません。そういう人と結婚すれば、いつ博士になるの、とか、いつ教授になるの、とかいわれるでしょう。それはわたしにはたえられません。

　ところが、このマリ・スクロドフスカ嬢はポーランド人ですけれど、物理で一番、数学で二番というりっぱな成績をとっています。なんの欲も持たない質素な娘で、自分で科学の実験もやります。わたしのいうことは、すべて理解してくれます。この人ならば、ほんとうにわたしというものと一生を共に生活できると思うのです。」

　ピエール・キュリーはそういって口をつぐんだ。

「ピエールがそういうのなら、わたしだって賛成だわよ。だけど、ルイズもテレーズも泣くでしょうね。あの娘たちはおまえのところにお嫁に来たがっていたのですからね。いいわよ、ピエールが幸福になれれば。だけどわたしは、もうこれからデュコーやフレネーの家をたずねられないのね。つらいけれどしかたがないわ。」

「うん、わしもエレーヌと同意見だ。ピエールはいままでわしらのよき息子であって、一度としてその判断はまちがわなかった。だからこんどのことも承認するとしよう。それではこの家にそのマリ・スクロドフスカさんを早くまねこうじゃないか。」

「そうですわね。」

「おとうさん、おかあさん。マリ嬢はいまパリにいないのです。ワルソーにもどってしまったのです。」

「いつ帰って来るのかね。」

「新学期までにもどってくれればよいと思いますが。」

「なにさ、ピエールはまだその気持を娘さんにうちあけてないのね。へんだよ、この子は。三十五にもなって、そんなことでどうなるの。しっかりおしよ。」

母のこのことばにピエールは一言もなく苦笑した。

「まず第一に、その娘さんがもどって来るかどうかをたしかめるのだ。第二に、もどって来たら内々におまえの口から結婚を申しこむ。承知したらこの家につれて来て、わしらに会わせる。わしらが異存なかったらば、正式にその保護者に申しこむ。そういう順序だ。なに、保護者は医者だって。それはこうつごうだ。わしも医者だから同業のよしみで、話はうまく進むだろう。」


ポーランドにいるマリ・スクロドフスカにあてて、子供のような書体で書かれたピエール・キュリー氏の手紙が何通もとどいた。そこには、科学の研究ではあれほどの才能を示している、三十五歳の学者の中に、まるで生まれたばかりの赤んぼうのような、うたがうことを知らぬきよらかな愛情があふれている。マリ・スクロドフスカはそれを読みながらひどく感動した。父が娘の夫にどうかと考えたカメンスキー氏は、ワルソーの男子中学校で物理学を教える三十歳になった若い教授であった。毎土曜日にスクロドフスキー氏をたずねて来ては、晩餐を共にしていく。

「マーニャ、カメンスキー氏をどう思うかね。」

ある日、茶の間で父娘ふたりでお茶をのんでいる時、スクロドフスキー氏はえんりょがちにいった。

「よい人だわ。とてもよい人だわ。」

「結婚する気持はあるかね。」

「あら、おとうさん。それとこれはぜんぜん別ものよ。カメンスキーさんはポーランド人としてもりっぱで、わたし尊敬していますわ。けれど結婚となると……。」

「このごろよくピエール・キュリーという人から手紙がくるけれど、マーニャはその人がすきなのかね。」

「ええ、わたしキュリーさんがだいすきです。」

「結婚する気持があるかね。」

「わたし、それでなやんでいますの。ポーランドがこのようなありさまである時に、フランス人と結婚してフランス人になってしまうのは、まるで戦場から逃げ出す脱走兵のように、ひきょうものだという気がしますわ。だけど、キュリーさんは学者としてりっぱな、わたしにはもったいないくらいの人です。カメンスキーさんもよい人ですけれど、キュリーさんにはくらべられませんわ。おとうさん、どうしたらよいでしょう。」

「ブローニャに相談したかね。」

「いえ、まだなにも話しておりませんの。」

「ブローニャの意見を尊重すべきだ。なぜ話さなかったのかね。」

「パリにいた時は、それほどの重要性を考えていませんでした。わたしはポーランドに帰って、ポーランドのために働くつもりで、キュリーさんのごしんせつはうれしかったけれど、気持はそれほど積極的ではありませんでした。しかし、いまとなっては、わたし、パリにもどって、キュリーさんの申し出をうける以外に、わたしの生きていく道はないように思いますの。」

「マーニャがそれほどまで思いつめているのならば、わしはカメンスキーの件はきれいにあきらめます。だけど、そのキュリーという男はほんとうにまじめな人なのだね。」

「おとうさん。かりそめにもキュリー氏にたいして、そういうことばは失礼です。キュリー氏は神さまのように心のまっすぐな人です。おとうさんだって一度会えばきっとすきになるにきまっています。」

「そうか、それはわるかった。そういう男の人から嫁に来てくれといわれるのは、マーニャの父親であるわしだってどんなにうれしいことだろうか。」

「あなたのお手紙はわたしをたいへん不安にし、あなたがいろいろ苦しんでおられること、迷っておられることをお察ししていましたが、ワルソーからのお手紙を拝見してすっかり安心いたしました。あなたがふたたび心の平静さをとりもどされたことを感じています。あなたのお送りくださった写真はとても気にいりました。これをわたしに送ってくださったのは、なんというすばらしい思いつきでしょう。心からのお礼を申しあげます。

やはりパリにもどられるとのこと、わたしもたいへんうれしく思います。わたしたちは、どんなことがあってもけっしてはなれない友人でありたいと、つよく念願しております。あなたもそう思われるでしょうね。」

この手紙はピエール・キュリーからマリ・スクロドフスカにあてられた一八九四年九月十七日づけのものである。これによって、マリ・スクロドフスカの中にあった、なにかふたしかなものが消えさって、キュリー氏にたいしてはなにもはっきりといわないにしても、ある決心とでもいうものが、かの女の胸の中に芽ばえたことが知られるといってはいけないだろうか。

一八九四年十月になって、マリ・スクロドフスカはパリにもどった。ピエール・キュリー氏との結婚のためには、どうしてもパリにもどらねばならないと思ったからである。しかし、ふしぎなことには、ワルソーにいてあれほど恋しいと思ったパリの町も、来てみるとそれほどの魅力はなくなっていた。キュリー氏から手をさしのべられればすぐにでも応じられると思っていたのに、祖国ポーランドの悲しい運命を思えば決心はなかなかつかない。

ワルソーから帰ると、フィアンチーヌ街からひっこして、シャトーダン街に移った。ここはパリでもにぎやかな商店街で、姉のブローニャがここに診療所を新しく開き、その中の一へやをマリに無料で貸してくれたからである。ソルボンヌに通うには遠くなり、乗合馬車でセーヌ川をわたらねばならなかったが、むかしのようにマリは忙しくはなかった。昼まこの診療所は患者がたくさん来るのでうるさいが、その時マリはソルボンヌにいる。帰るころは診療所は閉ざされ、姉はラ・ヴィレットのすまいへもどってしまっている。めぐまれた環境であった。

姉のはげまし

「ブローニャ、ちょっと相談があるのだけれど。」

ある日、階段をあがって、診療所にはいって来た姉を待ちかまえてマリはいった。ブローニャは、あちこちをそうじしている時間ぎめの家政婦にあいさつをしてからマリに、

「わかってるわ。そのことはおとうさんからもいってきたので、あなたが、いついいだすかを待っていたの。よかったら今夜わたしのところに食事に来ない、ゆっくり話しましょうよ。」

その夜、マリは姉にすべてをうちあけて相談した。

「わたしなら、マーニャのようにためらうことはしないつもりよ。ポーランドがいまのような状態の時に、フランス人と結婚して、フランス人になってしまうのは、ひきょうだと考えるマーニャこそおかしいと思うの。たとえマーニャが国籍上フランス人になったとしても、マーニャの気持ひとつであくまでもポーランド人であり、しかもキュリー氏と結婚することによって、苦しんでいるポーランドのためにつくすことができなくなると思うの？　ポーランドの現状を機会あるたびにフランスの人々に訴えて、その心からなる同情をもとめるのはたいせつなことだと思わない？　マーニャ、よく考えてちょうだい。」

マリ・スクロドフスカはピエール・キュリー氏のまねきに応じて、ソーの両親の家に行くことになった。キュリー氏はドルスキー夫妻もともにまねいた。

一八九五年五月のある日曜日、ドルスキー夫妻とマリは、リュクサンブールの駅からソー行きの汽車に乗った。ジャンティー、アルキュイユ、カシャン、ブール・ラ・レーヌと、汽車はなだらかな丘や小川や赤い別荘風の家の間をぬうようにして走って行く。一時間ばかり走ったところがソーである。小さないなか町の感じであり、パリの人々が別荘を持って週末をすごすのには、いかにもふさわしいところである。駅にはピエール・キュリー氏が満面に笑みをたたえて迎えに来ていた。ピエール・キュリー氏はすでにドルスキー夫妻とは知りあいになっていたので、すぐにさきに立って案内する。

「ドルスキーさんは、ソーの公園に来られたことがありますか。」

ふだんは口の重いピエール・キュリー氏もきげんよく問いかける。

「だいぶ以前に一度来たことがあります。ヴェルサイユとはまたちがった美しさですね。」

サブロン街は駅から近かった。鉄さくで囲まれた広い地所の中にこぢんまりとした清潔な家が新緑の中に建っている。

「まあ、かわいい。」

マリは思わずいってしまった。キュリー氏はにこにこした。

「気にいってくれましたか。どうぞおはいりください。」

かぎをがちゃがちゃさせて、キュリー氏は門を開いた、そこには、「医師ユージェーヌ・キュリー博士。宅診毎日午前中」と書いたエナメルぬりの札がはってある。

声を聞いて、大きないぬが駆けて来た。キュリー氏を見て、ちぎれるばかりに尾をふる。それにつづいて老夫妻が客を迎えに出た。

「ドルスキーさん、これがわたしの両親です。おとうさん、おかあさん。こちらがドルスキー夫妻。こちらがマリ・スクロドフスカさん。」

たがいにあいさつをかわしてから、みんなは客間にとおった。

帰りのパリ行きの汽車の中で、ドルスキー夫妻とマリがみちたりたような顔をして、車の動揺に身をまかせていた。

「マーニャ、キュリー氏のご両親はよい人じゃないの。ああいう人ならばマーニャも幸福になれるわよ。キュリー氏も気むずかしい人だと思ったけれど、なかなかあいそうがよかったわね。」

「ええ、あれで最大の努力をしていたと思うの。」

「おかあさんがわたしをそっとすみのほうに呼んでね、うちのピエールはとてもすばらしい学者だから、妹さんにためらわず結婚を承知するようにすすめてくれってたのまれちゃったの。だからわたしもいったの、うちのマリはとてもよい娘だからぜひもらってくださいって。」

「まあ。」

マリはあきれたようにいった。

「あのおとうさんは老人ににあわず心の広い人だなあ。ポーランドのこともわたしといっしょになってふんがいしてくれるのだよ。よい人だなあ。」

ドルスキー博士はひとりで感心していた。

「マーニャ、どうなの。これではっきり決心したのでしょう。」

「ええ。」

赤い顔をしてマリは答えた。

「ブラボー、この強情っぱりの娘がとうとう『ええ』といったぜ。」

ドルスキー博士は手をうって喜んだ。汽車はパリの城門をこえていた。夕闇の中に光る家々のともしびは美しかった。

シャトーダンのブローニャの診療所の隣のへやで、マリはおさななじみのマーシャ、あのザモイスキー伯爵の令嬢のマーシャにあてて手紙を書いた。

「マーシャ。

しばらくごぶさたいたしました。お元気で幸福に暮らしていらっしゃることとぞんじます。あなたはすでに五人の子持ちでりっぱなおかあさまぶりを発揮していらっしゃいますが、あなたのマーニャは、やっと二十八になって結婚することになりました。婚約者は、パリの物理化学校の先生でピエール・キュリーといいます。三十六歳になる学者です。したがってまもなくわたしはキュリー夫人と呼ばれることになります。

この結婚までわたしは何度もためらいました。あなたのご主人は政府の偉いお役人だから、こんなことをいってはいけないのですけれど、わたしは悲しい運命のポーランドをすててフランス人になることになかなか決心がつきませんでした。この気持はマーシャもわかってくださると思います。しかし、決心をしました。わたしはパリに永住するのです。よきフランス人となるべく努力をしますけれど、よきポーランド人であることにはなんのかわりもありません。

わたしの愛するマーシャ。

こうなるまでには昨年の夏ごろからだいたい話があったのですが、決心がつかないままに、あなたにはなにもお知らせしませんでした。そうそう、あなたのあの広大な領地の中で暮らした一週間くらい楽しい日はありませんでした。一度お礼状は出しましたけれど、かさねてお礼申しあげます。そして、この滞在をいっそう愉快にしたのは、マーシャがむかしとすこしもかわらず、すなおに、曇のない目で世の中を見ていたということです。あなたのような身分の人はお金や虚栄によって良心というものが曇らされるのがあたりまえのようで、そういう実例をいやというほど、わたしは家庭教師時代に見せつけられました。だから、マーシャ。あなたのような人は、たぐいまれな存在といえましょう。

どうかパリにいらっしゃった時は、わたしのところにもたちよってください。所番地はローモン街四十二番地です。」

一人まえの医師になっている兄のジョゼフからの手紙はマリを喜ばせた。

「ブローニャからくわしい手紙はすでにもらっていた。おまえがキュリー氏というりっぱな学者の妻となることを、一家じゅうのだれもが喜んでいる。マーニャ、おまえは、わたしやおとうさんたちのために、ぎせいになって長い間苦しい生活を送っていたのだ。それになにもむくいることもなく、おまえがキュリー氏と結婚するといっても、わたしたちになにもできないのを心ぐるしく思っているけれど、わたしたちの大きな喜びを最大の贈り物としてうけとってくれないか。

おまえの結婚の式には父がぜひ参加したいといっている。ヘラがおとうさんといっしょにパリに行くはずだ。わたしは行かれないけれど、他日、キュリー夫妻をポーランドに迎えるとしたら、おまえの兄としてはずかしくないわたしというものを、おまえのご主人にも見せたい。

くれぐれもからだをたいせつに。」

結婚の式は七月二十六日にきめられた。キュリー氏はべつにどこの教会にも関係はなく、結婚式は法律の命ずるところにしたがって、ソーの町役場でするだけで、教会で宗教的な儀式をやる必要をみとめないという。マリもこれには賛成であった。

結婚

その日、ドルスキー夫妻とスクロドフスキー教授、それに姉のヘラはそろってシャトーダン街のマリのへやに集まって来た。すこし暑いけれど目のさめるような青空である。

「マーニャ、その髪はなによ。きょう、あなたは結婚するのですよ。」

ブローニャからいわれてマリは赤い顔をした。

「わたしがあれほど髪ゆいさんに行けといっておいたのに、あなたは行かなかったでしょう。」

マリはだまってうなずいた。

「だってはずかしいのですもの。」

「おばかさん。一生に一度しかない結婚に髪ゆいさんにも行かないなんて。いいわ、大いそぎでわたしがやってあげるから。」

ブローニャはうでまくりをしてマリのうしろに立った。

「ほんとうにこの子は、おしゃれをするという気持がちっともないのだからこまってしまう。科学者はそれでよいけれど、時と場合によりけりよ。きょうはマリ・スクロドフスカの結婚式。その花嫁さんがこんなありさまでは、わたしたちがいったいなにをしていたかと近所の人たちから笑われるのよ。」

こういいながらも、ブローニャの手は早く動いてマリの髪の毛をむすんでいった。

「どう、これならいいでしょう。」

スクロドフスキー氏はにこにこと、このありさまを横から見ていた。

階段をのぼる足音がする。とびらが軽くたたかれる。顔を出したのはピエール・キュリー氏であった。スクロドフスキー氏も花婿にはドルスキー博士の家で会っていた。

「お迎えに来ましたよ。」

その声にみなは立ちあがった。花嫁衣裳はかばんの中につめられてある。階段を降りたところに辻馬車が待っていた。ポアソニエール大通りからセバストポール、セーヌ川をわたって馬車はサン・ミシェルの大通りをぱかぱかとあがって行く。左手にはソルボンヌ、それにパンテオン。マリ・スクロドフスカはそれらをうっとりと眺めた。そばにすわったピエール・キュリー氏も、なにか感慨ぶかげである。リュクサンブールの駅から一同は汽車に乗った。

三色旗がかかげられ、「自由・平等・博愛」ときざまれてある町役場をはいったピエールとマリはすぐに結婚式場に通された。そこにはキュリー医師の一族がすでに待っていた。キュリー医師は、三色の綬（町長や市長が儀式の時につける飾り）を腰にまき、いかめしいひげをはやした老人と愉快そうに話しあっている。

「マリ。あの人が町長さんだよ。」

ふたりはこの町長の前に立った。民法の中の婚姻法第五条がおごそかに読みあげられる。ふたりは手をあげて誓いをたてた。

町長はえへんとせきばらいをして祝賀の演説をはじめる。

「本日はまことに喜ぶべき日であります。ここにわが同志ユージェーヌ・キュリー博士の次男ピエール君と、ヴラドゥイスラフ・スクロドフスキー氏の三女マリ嬢との結婚が、とりむすばれたのであります。そしてこの結婚が、わたしのもっとも喜びとするところの無宗教の立ち場でなされたのであります。

本席に外国のかたがたがおられますので、一言注訳を加えますならば、フランス語でリーブル・パンスール（自由思想家）とは、わたしとか、このキュリー医師とかをさすのでありますが、世間の通念としてリーブル・パンスールとはカトリック教を信ぜざる者、神を恐れざる不逞の者という意味をざんねんながら持っているのであり、その迷妄を打開せんがために町長たるわたしは努力をしております。自由なるべき小学校の教育より宗教を駆逐し、真に自由にして独立せるフランスを再建せんとするものでありますが、悲しいかな、わが同志は数が少なく、わたしの努力はなみなみならぬものがあるのであります。

本日むすばれましたるおふたりの家庭は、わたしの理想とするところのカトリック教よりの害悪をうけない、真に独立せるものであるという意味で、心からなるお喜びを申しあげるものであります。」

ふつうの結婚ならば、町役場で法律上の結婚をしてから、教会に行って宗教上の結婚をするのがフランスのそのころのいっぱんの習慣である。しかし、このふたりの結婚式は町役場だけで、それからキュリー医師の家に集まった人たちの間でささやかな祝いの宴会が開かれたのであった。

スクロドフスキー氏は、キュリー医師と、まねかれた町長を相手に、流暢なフランス語で話しあっている。ドルスキー博士は、ピエール・キュリー氏の兄の、モンペリエ大学の教授ジャック・キュリー氏と愉快そうに話している。ブローニャはエレーヌ夫人とともに、ぶどう酒やかるい料理を運ぶのに忙しそうである。

「ねえ、ピエール。あの町長さんの演説の間に、ネクタイが落ちそうになったのを知ってる?」

「ああ知っているよ。あの町長はネクタイを毎日むすんだり、とったりするのはむだな手数だと主張しているめんどうくさがりやだから、ちゃんとむすんであるネクタイをピンでとめてつかっているのだけれど、そのピンがゆるんでいたのだね。」

「わたし、おかしくて何度もふきだしそうになったのだけれど、ここで笑うとまたブローニャにしかられると思ってがまんしたの。」

「わたしもおかしかったよ。」

ふたりは庭の一隅の木かげで、こんな罪もない会話をかわしていた。


ふたりの新しい人生は自転車旅行からはじまった。南フランスやアルプスに旅行をするお金のよゆうもないふたりは、結婚のお祝いにもらった二台の自転車に乗って、小さないなかの村をとまり歩くことにしたのである。国道を走って、ふたりはソーからヴェルサイユに来た。自転車で二時間ばかりの距離だ。それからフォンテーヌブローとムードンの森、シュヴルーズの谷と、人目にはつかないがほんとうの美にあふれたイル・ド・フランス（パリ近郊全体の名）のあちこちを走りまわった。つかれれば小川のせせらぎを聞きながら眠ることもあった。夜になると、村の小さな宿屋にとまる。見なれない若夫婦を迎え、宿屋の主人は、うでによりをかけてごちそうをつくってくれる。

こうした放浪のあとで、ふたりはジャンティーの百姓屋におちついた。これはドルスキー夫妻が夏の間借りておいた家なのである。ここでスクロドフスキー氏やヘラ、ドルスキー夫妻とその娘エレーヌたちとキュリー夫妻は夏をすごした。キュリー医師夫妻も馬車に乗ってときどきは遊びに来る。

朝マリは目をさまして戸を開く。輝くような太陽の光が木の葉をとおしてふりそそいでいる。小鳥の声も美しい。

手早くねまきを着かえてそっと台所に降りて行く。まきに火をつけてお湯をわかす。その間に顔を洗ったり、髪をときつけたり身じたくをすます。ジャム、バタ、パンなどを用意し、じまんのコーヒーを入れる。すると、家ぜんたいがこうばしいコーヒーのかおりにみたされるのである。

食堂のところにつりさげられた鐘を鳴らす。からんころん、からんころん。ああ、きょうもこの鐘の音ではじまるのだわ。からんころん、からんころん。

スクロドフスキー氏のせきばらいが聞える。朝ねぼうのドルスキー博士がブローニャにおこされている。ピエールはひげをそっているのかしら。

からんころん、からんころん。

みな食堂に集まって来た。にぎやかな笑い声も聞える。コーヒーとミルクを大きなつぼに入れてわたしはかいがいしくみなの前についでまわる。ピエールはミルクをたくさんに、さとうは四さじ。カジミールはミルクなしのまっ黒なコーヒーに、おさとうは一さじ。スクロドフスキー氏はコーヒーとミルクと半分ずつ。おさとうは三さじ。わたしはみなの好みをよく覚えている。

ブローニャといっしょに家のおそうじ。せんたくもののアイロンかけ。それに買い物。近くの村まで自転車に乗って肉や野菜を買いに行く。商人から奥さんと呼ばれるのが、はずかしくうれしい。お昼のご飯。食堂の鐘がまた鳴る。からんころん、からんころん。

食事のあとは昼寝。三時におきだしてピエールとともに自転車に乗って散歩。夜になると、また鐘が鳴る。からんころん、からんころん。食事は長く、会話は楽しい。ピエールはポーランド語を覚えるのだといいはってきかない。こんにちは、こんばんは、さようなら、ごきげんいかがですか。まるで赤んぼうみたいな発音。ポーランド語など覚えたとてなんの役にもたたないのに、ピエールはわたしにたいする愛情の表現として、あんなにねっしんにやっている。

楽しい楽しい夏休み。ああ、わたしは幸福だわ、とてもとても幸福だわ。

キュリー夫妻はグラシエール街二十四番地にすまいを見つけた。ヴァル・ド・グラース陸軍病院の向かいがわの質素なアパートである。兵営に隣りあった殺風景なところであったが、ふたりともぜいたくをいう気持はすこしもなかった。家具もなにもない、がらんとしたすまいではあるが、愛しあったふたりはこれで満足だった。

キュリー夫人は、夫が毎月「実験主任」としてもらって来る五百フランで一ヵ月をつつましく暮らすために、まず家計簿を買って来た。お料理はブローニャに習っておいたので、なんとかお料理らしいものをつくれる。それに、塩やこしょうを入れすぎたとしても、もんくをいうようなピエールではなかった。

「マリ、このお料理はなんというの。なかなかおいしいね。」

キュリー夫人はそういう夫のほめことばに、顔を赤らめることがよくあったのである。

第六章　ラジウムの発見

第一歩

一八九六年八月、キュリー夫人は中等教員資格試験を一番の成績でパスした。これがあればフランス国じゅうのどこの中学校（日本の中学校と高等学校をいっしょにした七年制のもの）の教授にでもなれる。あとは博士の学位をとるだけである。

けれどその翌年、長女のイレーヌが生まれた。赤んぼうのせわから、家政、それに科学の実験と、キュリー夫人はいそがしかったが、そのすべてをまじめにきちんとやりとげた。グラシエール街のアパートはあまりにさっぷうけいであり、五階まで階段を上がったり降りたりするのは、疲れがちなキュリー夫人のからだにとてもむりなので、同じように質素ではあるが、せめて三階までのアパートでもと、あちこちさがしたが、しかしなかなか見つからない。若い夫婦はがまんしてこの家で何年かをすごした。長い階段を上がって来るのを、キュリー夫人はじようだんに「アルプス登山」と呼んだ。それは、実験で疲労したからだにとって、アルプスのモン・ブランの峰に登るよりつらい仕事なのだ。そのグラシエール街のアパートの階段を毎日降りて、物理化学校の校長がとくべつなはからいでつかえるようにしてくれた実験室に通い、市場でいろいろな買い物をして、またその階段をとことこ上がって行く。赤んぼうのせわをしてくれるやといの老婆のつごうのわるい時は、実験室まで赤んぼうをかかえて行かねばならない。この物理化学校の実験室はまったくきばつなものだった。ガラスを多くつかった、温室のような、がらんとした建物で、もとは物置につかわれていた。それをかたづけてキュリー夫人がつかえるようにしたのであるが、夏はとても暑く、冬は冬で、たまらないほどに寒かった。だが、場所を与えられただけでも満足しなければ……。まったくこのポーランド生まれの女性は忍耐づよい。

ピエールはランプの下で、実験の結果をまとめている。マリはゆりかごの中に入れたイレーヌをあやしながら寝かしつけている。グラシエール街のそまつなふたりのへやであった。

「ねえ、ピエール、わたしも学位論文をつくらないといけないわね。」

「ああ、マリ。もうそろそろ準備をしたほうがよいだろうね。」

ピエールはやさしく答えた。

「だけど、ピエール。あなたが学位をとってくださらなければ、わたしに学位なんかとれないような気がするの。」

「ばかだなあ。わたしのこととおまえのこととはぜんぜん別問題だよ。だいいち、わたしみたいな年になって、いまさら学位などとれるもんかね。」

「年齢なんて問題ではないわ。あなたは二十一の時に、ピエゾ電気現象を発見しているでしょう。それで学位をとらなかったのは、あなたの怠慢よ。」

「わたしは前ばかり見ていた。やることがたくさん頭の中につまっていて、学位論文など書くひまがなかったのだ。」

「だけど、ピエールは自分の発見を重要なものだと認めているのでしょう。」

「ああ、認めているとも。あれは十九世紀の科学史の中でもだいじな位置をしめると思う。」

「それなら、あなたがいままでになさったそれに関する仕事をまとめるのが、あとから進んで来る若い科学者のために必要だと思わない？」

「そりゃ思うさ。」

「そんなら、それをまとめて、学位論文としてリップマン先生のところにお出しになればよいじゃないの。先生は論文を出しさえすればよいのに、それを出さないキュリー君にはこまったよ、といっていらっしゃるくらいだから、出せば通るにきまっているわよ。」

「学位をとるのはめんどうくさいし、そんなに偉大な発見だと思わないが、後進の若い科学者のためになるというのなら、ピエゾ電気の仕事をまとめるのもわるくはないな。あれを発見してから十五年もたち、その真価は世界の学者からじゅうぶん認められているのだからね。」

ピエール・キュリーは考えこんだ。ピエゾ電気について、多くの論文は発表したが、それを科学の発展の中に位置づけ、今後の発展のためにとりまとめるということは、けっしてわるいことではない。そうだ。本を書くことにしよう。ピエール・キュリーは決心をした。

「マリ、やることにきめたよ。」

「まあ、うれしい。きっとやくそくを守ってね。わたしも学位論文を書くわ。どんなテーマにしましょう。」

「いろいろと調べてまた相談をしようよ。古くさい、だれかのやったのをすこしかえたような研究はいやだからね。」

　これより二年前、ドイツの物理学者レントゲンはX線を発見していた。太いくしにおだんごを一つつきさしたような形のガラス器をつくる。両方からニッケル製の電極がまん中の円形の部分に出ている。このガラス器の中の空気を真空ポンプで抜きながら、二つの電柱に何千ボルトという高い電圧をかけると、のこっている空気の量が変化するにつれて、ガラス器内に種々のようすのちがった発光現象が見られる。そして、空気の量がごく少量になると、ガラス器ぜんたいがほたるのような微妙な光を出す。この時、目では見えないが人間のからだや材木や紙などを、かんたんに透過する光線の出るのをレントゲンは発見し、その光線がどんなものかがはっきりわからないのでこれをX線と名づけた。

この発見はフランスの学者をひどくおどろかせた。フランスの科学者アンリ・ベックレルは蛍光物質と呼ばれているものから、X線が出ておりはしないかとためしてみた。蛍光物質とは、暗い場所におくとほたるの光のような青白い光を出すもので、天然の鉱物の中にもこのような蛍光を発するものがいくつかはあった。

ベックレルはウラニウムという金属をふくむ鉱物をしらべた。ところが、蛍光というものは、あらかじめ光にあてておかないと観察できないのであるが、このウラニウム化合物は、自分自身で、外からのなんの刺激もうけることなくX線ににた光線を出す。つまり、目には見えないけれど、黒い紙でおおった写真乾板の上にこの化合物をおけば、この光線は黒い紙を透過して乾板に感光させる。また、この線は空気をイオン化する。つまり、プラスとマイナスの電気を帯びた粒子にわける。したがって、金箔験電器を放電させるのである。

金箔験電器というのはかんたんな装置で、これは金箔を四角にきって、その一端をつけ、その先に針金がつけられて台の上にのっている。金箔は自由にたれさがっている。この金箔に電気を与えると、同種の電気はたがいにしりぞけあうために、金箔は逆V字形に開く。この開きかたから電気の量を知ることができるわけである。このように電気を与えて開かせた金箔の間にX線を入れると、その間の空気がイオン化され、金箔の電気はそれに中和されて、開いた角度がだんだんとせまくなってくる。この現象がベックレルの見いだした目に見えない放射線によっても観察されるのである。

キュリー夫人は、物理化学校の物置小屋を改造した実験室で、夫のキュリー氏と話しあっていた。

「ウラニウム化合物から出るこのベックレル線がなにか、ということが問題なのね。」

「そうだ。このベックレルの報告にはかんたんに書かれているけど、だいじな意味を持っている。レントゲンのX線の場合は、外部から高い電圧をかけてやることがぜったい必要だが、ウラニウム化合物は、自分自身から、しぜんにベックレル線を出す。われわれの実験設備からいって、レントゲン線の研究はとてもできないが、ベックレル線の研究なら、わたしのつくったピエゾ電気計と験電器をつかってすぐにやれる。材料は鉱山学校の標本室に行けば、いくらでもそろえられるだろう。どうだ、これをやってみないか。」

「ええ、やるわ。どんなむずかしいことがおこるかしれないけれど、やってみるわ。」

「マリひとりじゃない。わたしがついている。実験物理学者としてわたしはそうとうの経験者だよ。」

マリはピエールが持って来た赤い表紙の大判の科学学士院報告の中の、アンリ・ベックレルの報告をねっしんに読んだ。

「けっきょく最初にわたしのやることは、ウラニウムをふくむ鉱石の、あらゆる種類を集めることね。」

「そうだ。鉱山学校にはわたしの友人のダリューがいるから、かれにたのめば便宜をはかってくれるだろう。キュリー夫人といえば紹介状もいるまい。かれはわたしのことを、『がんこな独身主義者』といってからかってたから、おまえがキュリー夫人と名のっていったらさぞおどろくだろうよ。」

「鉱石を集めるのに二、三日かかるとして、測定用の装置は……。」

「そんなもの、わたしの実験室から小使いに運ばせればよい。あとはわたしが教えてあげる。」

新元素発見

マリは翌日、鉱山学校に行ってみた。サン・ミシェルの大通りに面し、リュクサンブールの公園を背にしているこの学校は、歴史の古いことや、偉い卒業生をたくさん出しているので有名であった。マリ・キュリーは地質学研究室に、ダリュー教授をたずねた。

ドアをたたくと、助手の女の人が出て来た。

「ダリュー教授におめにかかりたいのです。わたしはキュリー夫人です。」

女の人はひっこんでなにか話し声がする。きゅうに大声がひびいてきた。

「キュリー夫人て、ソーに住んでいる年をとった人じゃない？　若い人……おかしいなあ。まさかモンペリエのキュリーの奥さんじゃあるまいな。」

ドアがいきおいよく開かれて顔を出したのは六尺〔約一・八メートル〕近いあから顔の大男であった。

「わたしがダリューですが、あなたはモンペリエのジャック・キュリー夫人ですか。」

「いいえ、物理化学校のピエール・キュリーの妻ですが。」

「へえ、あいつとうとう結婚したのですか。いや失礼。どうぞ、どうぞ。」

ダリュー教授は、きゅうににこにこしてへやに導き入れ、マリのたのみをこころよく承知してくれた。

「あさって取りに来てください。馬車に一ぱいでも二はいでもさしあげます。」

「いいえ、そんなにはいらないのですが。」

「じょうだんですよ。あのまじめなピエールにふさわしい奥さんですね。ご幸福を祈ります。それからだんなさまに、ときにはわたしのところにも遊びに来てくれっていってください。」

十分も歩いて物理化学校にもどると、ピエールは小使いのジャントといっしょに机やいす、それに測定装置類を運び入れていた。

「どう、ダリューは承知した？」

「ええ、とても気持よく。あの人、陽気なよいかたね。たまには遊びに来いといってましたわ。」

「マリが行ったので、びっくりしただろう。」

「ええ、穴のあくほどわたしの顔を見て、ピエールにふさわしい奥さんだって。」

「あいつは、ぶえんりょな男だからな。しかし、やさしい心を持っているやつだよ。」

キュリー夫人は夫に助けられて、測定装置の配線をした。ピエゾ電気計や験電器のつかいかたもおぼえた。あぶなっかしい手つきで操作をしている妻を、ピエール・キュリー氏はじっと見まもっていた。

ダリュー教授からは、試料としてマリの手もとにきたウラニウムをふくむ鉱石の分析した結果がとどけられた。それと、ベックレル線のつよさを精密にピエゾ電気計で計った結果をくらべると、このつよさは鉱石の中のウラニウムの量と正確に同じであり、そして、ベックレル線のつよさは鉱石をつよく熱したり、ひやしたりするような外界の影響には関係のないことを、数字でもってはっきりと証明することができた。

マリ・キュリーの実験の成功は、ベックレル線を定量的に調べたことである。ベックレルの仕事は、そういう線があるという定性的なものであって、これだけでは科学の進展に役だたない。やはり数字で、そのつよさをはっきりと出すことがどうしても必要なのである。そして、キュリー夫人のこの定量的な実験の成功は、ピエール・キュリー氏の発明した、ピエゾ電気計にあるといえる。当時この装置はそれほどいっぱんにいきわたっていなかったのであり、キュリー夫人がこれを、発明者である夫の助けで、うまくつかいこなしたことが新しい発見のもととなったのである。

さて、キュリー夫人は、このウラニウムをふくむ鉱物の発する線をしらべてみて、X線とはちがい、これは原子内部から、しぜんに出てくるものと考えた。ピエール・キュリー氏もそれに賛成した。それならば、ウラニウムばかりでなく、他の元素にもこういう線を出すものがあってもよいではないかと考えた。

「マリ、それを調べるのはかんたんだよ。鉱山学校には、世界じゅうのめずらしい鉱石が集められているし、その分析もそろっているから、手あたりしだいに調べればよい。ダリューが協力してくれるだろう。」

さっそくやってみた。根気のいる仕事である。しかし、その結果はやがて現われて、トリウムにも同じような線を出す性質があるのを見たのであった。

「ねえ、ピエール。ウラニウムばかりでなく、トリウムもベックレル線を出すことがわかったのだけれど、こういう性質ぜんたいをうまくいいあらわす名まえはないかしら。」

グラシエール街の五階のへやで、夜の食事をすませた、いこいの時間に、マリは夫に問いかけるのである。

「うん、わたしもなにか名まえをつけなければいけないと思っていたよ。」

「あなたはピエゾ電気という名まえを発明したのでしょう。だからわたしといっしょに考えて、よい知恵を貸してちょうだい。」

「マリのその物質は目に見えない光線を出すのだから、放射（ラジオ）ということばをふくませるのがよいだろうね。」

「放射する力、能力を持っているのだから、能力（カパシテ）ということばをつかい、放射能力はどう。」

「カパシテはこまるよ。電気のほうでカパシテということばは、電気をどのくらい保持できるかという容量という意味でつかっているから。」

「それでは活動性という意味のアクティヴィテはどう。」

「そうだな、ラジオ・アクティヴィテ、これはいいね。」

「じゃあそうするわ。『放射能』よい名まえね、うれしいわ。」

これ以来、放射能ということばがつかわれるようになり、放射能を持つ元素を、放射性元素と呼ぶことになった。

このようにして放射能を持っているのは、ウラニウムとトリウムであることがはっきりした。キュリー夫人は手にはいる鉱石という鉱石は、なんでも験電器にかけ、放射能のあるものとないものにわけた。ところがある日、分析値から見て、ウラニウムの含有パーセントがきわめてわずかなのにもかかわらず、放射能の異常につよい鉱石にぶつかってしまった。

「おかしいわ。わたしの測定がわるいのかしら。」

何度くりかえしても測定にあやまりはなく、同じ結果が出てくる。

「ねえ、ピエール、この結果をどう思う。」

「わたしの装置はぜったいにくるっていない。マリの測定の腕まえもたしかだ。とすると、ウラニウムやトリウムとはちがった、われわれのまだ知らない強力な放射能を持った元素がその中にふくまれていると推定するのもまちがいではないね。」

「ああ、新しい元素の発見。なんとすばらしいことでしょう。これが成功すれば、わたしたちは科学の歴史の中にはっきりと名まえをのこすことになるでしょうね。胸がどきどきするわ。ああ、ピエール。」

「マリ、これはもしかすると、たいへんな発見になるかもしれないぞ。マリひとりにはまかせておけない、わたしも協力するよ。」

この、新しい放射性元素が存在するかもしれないという、マリ・キュリーの予言は、フランス科学学士院報告の一八九八年四月十二日の号に掲載されている。

「……二種の含ウラニウム鉱石、すなわち瀝青ウラン鉱（ピッチブレンド）およびシャルコリットは、放射能の点よりして、ウラニウムそのものよりもはるかに活性に富む。この事実はきわめて注目すべきものであって、これらの鉱石が、ウラニウムよりはるかに活性に富む新元素を含有しているのではないかと思わしめるのである。」

これがラジウムの発見のためになされた、三十歳になったキュリー夫人の輝かしい業績の第一歩である。

右の文章は、ただ新しい元素が存在するかもしれないということをいっているだけである。もちろん、こうした予言はたいせつな意味を持つが、実験科学者であるキュリー夫妻は、その新しい元素をじっさいに手に入れたいと思った。手に入れることによって、新元素の存在が証明されるのである。それによって世界の学者たちが承服をするのである。

ピッチブレンドに、新しい元素がふくまれているとすれば、化学的な処理によってそれを取り出せるはずである。そのためには、ピッチブレンドを大量に手に入れなければならない。ダリュー教授がそれを助けてくれた。

アフリカの鉱山にフランス人の技師がたくさん行っている。そこへダリュー教授は手紙を出して、かますに何ばいも、この鉱石をとりよせてくれた。その間にキュリー夫妻はいっしょに、化学分析の教科書を買ってきて、分析の勉強をするのであった。ふたりともに、物理実験が専門で、化学薬品のとりあつかいにはなれていなかった。それで、ふたりは本で勉強するとともに、鉱山学校の化学分析研究室に出かけて、分析のやりかたを習うのである。

この研究室でキュリー夫妻の新元素が問題になったが、いままでだれからも気づかれなかったのは、よほどの微量にしか存在しないのではあるまいかと考えられた。おそらく一トンの鉱石を処理して得られる新元素は一グラム以下であろうと鉱山学校の先生たちはいうのである。なぜならば精密な化学分析が、すでになされているのであるから、含有量が多ければだれかが気づいているはずだという。キュリー夫妻はしかし、そうしたことにおそれなかった。あのピエゾ電気計であれまではっきりと出てくる新元素が、どんなに微量であっても見のがすことはないと信じていた。

物理化学校の物置小屋の実験室では、ピエール・キュリーが大きな石うすで鉱

石をつきくだく。まるで道路人夫のする仕事である。その鉱石を大きな磁製の皿に入れ、酸やアルカリで処理する。とけたものととけないものができる。とけないものはこしてすてる。とけたものに別の薬品を入れると、もやもやしたものが沈んでくる。液はすてて底に沈んだものだけを取り出し、これにまた、酸やアルカリを加える。このように単調な、根気のいる仕事を、あきることなくキュリー夫妻は毎日くりかえしていた。実験衣は薬品でぼろぼろになる。酸の蒸気はのどを刺激して、せきがとまらない。ときにはもうれつに頭痛がする。それにもめげず、キュリー夫妻は操作をくりかえす。ふたりの実験がまちがっていないことは、ピエゾ電気計が示してくれる。ふたりの得たものは、かならず前のものより放射能がつよくなっており、やがては新元素を純粋に分離できる希望をつよくしてくれるのであった。一八九八年七月には、一つだと思っていた新元素が二つであることがわかり、その中の一つを不純な形ではあるが分離することができた。あれだけの苦労の後に得たものが、耳かき一ぱいにもならない新元素なのである。この元素になんという名まえをつけようか。これがキュリー夫婦のたいせつな相談ごとであった。

「娘のイレーヌという名まえはかんたんにつけましたけど、この元素の名をなんにしましょうか。学士院の報告に無名ではこまりますもの。」

「イレーヌはわたしたちだけのものだからかんたんだが、この新元素は世界人類のものだから、慎重にしなければ……。この名はマリがつけたほうがよいね。マリの思い出をこめて、よい名をつけてやりなさい。」

「あなた、ポロニウムではいけません？　わたしは祖国を去りましたけれど、ポーランドのことがいつも心の中にあるのです。あなたが思い出をこめてとおっしゃったから、思いきってつけたのですけれど。」

「よい名じゃないか。うん、よい名じゃないか。」

　科学学士院報告の一九九八年七月の号にはつぎのように書かれてある。

「著者らがピッチブレンドから、ほぼ純粋な形で分離した物質は、その化学的性質よりして金属のビスマスであると考えられるが、その中に未知の金属を含有していることを信じている。この新金属の存在がたしかめられた場合には、著者らの中のひとりの出生国の名をとり、これをポロニウムと名づけたい。」

　まだそのポロニウムが純粋の形で得られたのではなかった。その存在は、はっきりとピエゾ電気計では知られる。だが、純粋分離の化学操作とはなんとむずかしいことであろう。物理学者のふたりにとっては、これ以上手のつけようもない仕事であった。

いまだ完成せず

その夏キュリー一家は、フランス中部山岳地帯のオーヴェルニュに避暑に行った。十二、三世紀のころ、蒙古民族が、とくいの乗馬戦術でヨーロッパの住民を征服し、南フランスまで行ったことがあった。その時、蒙古人の一部がこの山岳地帯に住みついて、とてもかわった生活をしているという話は聞いていたが、キュリー夫妻はオーヴェルニュに来てその話がほんとうかもしれないと思った。山は高く、谷は深い。そして住民の数も少ない。こんなところなら蒙古人がかくれて、ひっそり暮らせるかもしれないと思った。

小さないなか家を借りた。小川のほとりで水車小屋もある。イレーヌは大喜びで、ゆりかごの中でひとりではしゃいでいる。キュリー夫妻はきよらかな空気の中で、物理化学校のあのつよい酸の蒸気にみちている実験室から、ほんとうに解放された気がした。

目の前にピュイ・ド・ドームの山が立っている。きゅうな坂を牛車はあえぐように登って来たが、ここから歩いて行かねばならない。マリ・キュリーは車からとび降りた。ピエール氏もそれにつづいた。

「あそこまで登るのかね。たいへんだな。」

「だいじょうぶですわ。元気をだしましょうよ。」

歩く距離は三百メートルぐらいであろうか。胸をつくようなきゅうな坂である。頂上にはすでに登っている人があり、わあわあとキュリー夫妻に声援を送る。

汗をいっぱいかいて息をはずませながら、ふたりは海抜二千メートルのピュイ・ド・ドームの頂上に立った。空は指でなでたら色がつくかと思われるばかりに青い。脚下の断崖の向こうに、長い汽車が煙をはきながら走っているのが、まるでありのはっているように見える。

「ポーランドが見えないかしら。」

「見えるかもしれないよ。」

見えないことをふたりとも知りながら、マリはわざと両手を双眼鏡のようにまるめて目にあてた。

「マリはいつまでたっても子供だね。」

ピエール・キュリー氏は微笑しながらいうのであった。


ラジウムという名は一八九八年十二月二十六日の科学学士院報告の中にはじめて見いだされる。キュリー夫妻はポロニウムにつづいて、ここにラジウムという新元素の存在を報じたのであった。

「マリ、科学学士院に提出したわれわれのラジウムの仕事について、学士院の化学部門の学者たちがなんといっているか知っている?」

一八九九年一月一日、キュリー一家は元日なので家にゆっくりとしていた。

「どんな話。」

「ポロニウムにしても、ラジウムにしても新元素としての証明がふじゅうぶんだというのだよ。」

「まあ、わたしたちの仕事を見れば、うたがう余地はないでしょう。」

「リップマン先生もそれをいうのだ、わたしはキュリー氏夫妻の業績を信じますって。しかし、リップマン先生は、化学者たちのいうのも、りくつによくあってはいるというのだ。つまり、新しい元素を見いだしたとする。そのためには、その元素を純粋な形で取り出して、原子量を測定し、融点、沸点その他の物理的、化学的常数を定めるのがふつうだという。そういわれればそうだ。われわれのポロニウムもラジウムも、特殊な物理的な測定装置をつかって、不純物とまじった形で見いだしている。これはまずいとリップマン先生もいわれる。もっともだと思う。化学者たちにいやおうなしに新元素の存在を承認させるには、以上のべたことをやらなければならないとすると、ことしは去年よりもいっそう努力せねばなるまい。」

「あなた、そんなことはたいしたことではありませんわ。わたしたちは化学分析操作は、もうだれにも負けないだけの腕を持っています。問題は根気だけですわ。まだおたがいに若いのですもの。」

化学者たちの批判もこころよくうけいれよう。わたしたちにはそれにこたえる自信がある。顔を見あわせたふたりの瞳がそれをものがたっていた。

「あなた、イレーヌがこんなに歩きますよ。」

「どれどれ。」

ふたりの科学者夫妻は、娘のよちよちと歩く姿に思わず微笑した。

「イレーヌはもう歯が十五本になりましたの。」

「そうかい、子供はどんどん大きくなるね。」

まだ午後二時というのに、パリの冬の空は暗い。いつも聞える兵営のらっぱの音も元日のせいかひびかないし、雪もすこし降っている。キュリー氏は立ちあがって暖炉の中にまきを投げ入れ、ぽつりといった。

「ラ・ヴィレットのねえさん夫婦がポーランドに帰ったのはなんといってもさびしいな。」

ドルスキー博士夫妻は、成功したパリの生活をすててポーランドに帰り、カルパチヤ山脈の中にある、保養地として有名なザコパーネで結核患者のためにサナトリウムを建てるので、キュリー夫妻と別れをつげたのであった。

マリは、ワルソーでも、パリでも、心からの愛情をもってめんどうをみてくれた姉のブローニャとの別れを心から悲しんだ。このブローニャがいなければ、キュリー氏と結婚することもなかったかもしれないのである。

「ワルソーでなにやかやと奔走しているのでしょうね。きょうはおとうさんのところでゆっくりしているでしょうけれど。」

「あのドルスキーさんは、わたしとは性格がぜんぜんちがう人だけれど、ちがうだけに気があうところもあるのだよ。ねえさんは、まめなよい人で活動家だからポーランドでも成功するだろう。」

マリは立ち、机のひきだしをあけて、ブローニャからきた手紙をピエール・キュリー氏にわたした。

「わたしのマーニャ。

十二月二日づけの便りはうれしく拝見しました。わたしとてパリを去ることはどんなにつらいことだったでしょう。あれだけの信用を得、これからという時でしたが、しかし与えられた機会をこころよくうけることが、わたしたち夫婦の義務だと思いました。ポーランドにおける結核のひろがりかたはおそるべきものがあり、このままでいけば、地球上からポーランド人というものがいなくなるおそれがありました。そこに、ポーランドの心ある人々がわたしたちに協力をもとめたのです。ドルスキーがむかし革命運動に参加し、国外追放になってポーランドには帰れないのですが、わたしたちを愛する人たちはその処置をとり消すよう運動し、それに成功しました。それまでにされれば、わたしたちとしてどうしても祖国の人々を見すてることはできないのです。とうとうワルソーにもどったというわけです。

サナトリウムの件は、万事うまく進行しています。とおからずザコパーネに、ヨーロッパにもあまりないくらいのサナトリウムができ、ポーランドの結核患者を治療することになりましょう。わたしたちのママがこの病気で死に、わたしたちがそれによってどんなに苦しいめにあったかを考えれば、ひとりでもこの病にたおれる人を助けたいと思います……。」

「パリの生活をすてて帰ったのだが、ねえさんはほんとうの愛国者だね。」

手紙をかえしながらピエール・キュリーはいった。

「ええ、そうよ。ほんとうの愛国者よ。」

マリ・キュリーはにっこりと微笑した。

夫妻はそのままだまって、それぞれなにか思いにふけるのである。

「ねえ、ピエール。わたしたちのポロニウム、ラジウムをしっかりやりなおすとしても、鉱石はどこで手に入れましょうか。」

「ダリューにもえらいせわになったから、もうこれいじょうせわをやかせるのはいやだね。」

「オーストリアの方にウラニウムの鉱山があるといいますけれど、そこからでももらえないかしら。」

「あすからさっそく活動を開始してみよう。」

そう答えたピエール・キュリーは大きなあくびをしながら立ちあがって窓ぎわに行った。

「おや知らない間に、雪がだいぶ降ってきたよ。」

第七章　苦しい生活

ただ一つの願い

一八九九年のはじめから、キュリー夫妻は、純粋のポロニウムとラジウムを得るためにどうしたらよいかを考えた。まず第一の問題は鉱石をじゅうぶんに手に入れねばならない。第二に多量の鉱石の処理をどこでするか。第三にその費用をどうして手に入れるか。この三つの問題でふたりはいろいろと案をつくってみた。ピッチブレンドは採掘されていたが、美術ガラスの着色のためにつかわれるウラニウム塩がきわめて値段が高くて、とても何トンも買うことはできない。ヨーロッパではボヘミヤ（チェッコスロバキア〔現在のチェコ〕）のヨアヒムスタール鉱山がこれを掘り出しており、パリから近いのではあるが、たとえ無料で鉱石をもらったとしても、運賃だけでたいへんである。しかしともかくやってみよう。ピッチブレンドからウラニウム塩を取りさったかすの中でも、ポロニウムとラジウムはなんの変化もしていないはずであるから、そのかすを入手できるようとりはからってくれないかと、キュリー夫妻はオーストリアの科学学士院あてに手紙を書いた。その希望はかなえられて、無料で提供された一トンのかすがローモン街の物理化学校に運ばれてくることになった。

これで第一の問題はかたづいたが、第二の実験室の問題は、多くの努力のあとで、けっきょくもとの物理化学校にもどってしまった。校長の厚意でマリがいままで実験室としていた向こう側の倉庫をかたづけてつかうことにした。第三はお金の問題である。「ふたりでなんとかしよう。」夫妻はそういうのであった。

こうして前よりも、もっとひどい研究生活がはじまった。ここで夫妻はその分担する仕事をきめた。鉱石から純粋なラジウム塩を得ることはキュリー夫人、精製の途中では、つねにその放射能をたしかめることが必要であるが、それをピエール・キュリー氏がすることにした。もうもうとたつ酸の煙、臭気、鉱石をくだき、ふるいにかける時のほこり、そうした中でキュリー夫人はせっせとラジウム塩精製の努力をしていった。このころのことを後になってキュリー夫人はつぎのように書いている。

「わたしたちはこの時代には、思ってもみなかった発見のおかげで、わたしたちの前にひらけたこの新しい学問の分野に、まったく没頭しきっていました。わたしたちの仕事の条件がむずかしいものであったにもかかわらず、わたしたちはとても幸福だと思っていました。わたしたちの毎日は実験室の中ですごされました。わたしたちのみすぼらしい倉庫の中には、心のしずけさがみちみちていました。ときとして、なにかの実験の番をしながら、わたしたちは現在と未来のことを話しつつ、この倉庫の中を歩きまわることもありました。寒くなると、ストーブのそばで飲む一ぱいの熱いお茶がわたしたちを元気づけてくれました。わたしたちは夢をみるような気持で、ただ一つのこと、純粋なラジウム塩を得るという仕事の中に生きていました。

……わたしたちは実験室であまり人に会いませんでした。物理学者や化学者の中で、わずかの人がたまに来るくらいでした。これらの人はわたしたちの実験を見に来たか、ピエール・キュリーの意見を聞きに来たかなのです。そういう時、黒板を前にして会話がかわされるのでした。わすれられない会話です。それはほかでもありません。それらは、実験室にふさわしい真実を語り、仕事への熱意をいっそうかきたてる会話だったからでした。」

当時のキュリー夫妻の日課はつぎのようなものであった。朝の九時までに、ふたりはローモン街の実験室に来ている。仕事がはじめられ、昼までそれぞれの仕事に没頭する。

昼になると、キュリー夫人がピエール・キュリー氏を呼びに来る。実験室のガス・バーナーでビフテキが焼かれ、じゃがいもがバタでいためられてある。それにチーズ。ぶどう酒はかかすことができない。実験室のかたすみで、ささやかなキュリー夫妻の昼食がはじまる。これがおわるとふたりはすぐに別れる。

三時になると、「お茶ですよ。」といって、キュリー夫人が夫を迎えに来る。やはり実験室のすみで、ふたりで熱い茶をすする。ブリオッシュとかクロワッサンとかのかしパンがおいてある。ふたりはここで、実験の話、罪のないせけん話をする。

「ピエール、ラジウムって、どんな色をしているでしょうね。」

「わからないなあ。ごくへいぼんな考えかたをすれば、みがいた鉄のような色だろうけど、もしかすると金のように美しい色をしているかもしれない。美しい色をしていればよいと思うね。」

「だけど、金属の中で美しい色をしているのは金と銅だけでしょう。ラジウムが美しい色をしていると希望するのは理論的にいってむりかしら。」

「むりとはいえないよ。金属の色は、これはなかなかふくざつな物理的条件できめられるようだから、ラジウムがどんな色をしているかは、まったくけんとうはつかないね。美しい色であることを希望しておこうよ。」

「そうね。」

ガス・バーナーの上にキュリー夫人は洗面器よりも大きな蒸発皿をのせる。これで三時間は待たねばならない。キュリー夫人はいそいで実験着をぬぎ、買い物ぶくろを手に持って、ピエール・キュリー氏のへやのとびらをたたく。

「ちょっと買い物に行って来ますから。」

小走りに物理化学校の門を出る。長いへいばかりつづいた学校町である。向こう側が高等師範学校、その間を通って、キュリー夫人はポール・ロワイヤルの大通りに出る。かんぶつ屋にはいる。

「このカマンベール（チーズの名）を一つください。それにスパゲッティを三たば。」

けしょうひん店にはいって、せっけんを買う。肉屋、それからかわいいイレーヌのためにおかし屋へ。それからごふく屋にはいって子供服用の布地をねっしんにえらぶ。やすくてじょうぶでかわいらしいもようの布地を、注意ぶかいまなざしでさがしもとめる。

買い物ぶくろをいっぱいにふくらませたキュリー夫人は、ゆっくりとした足どりでポール・ロワイヤルの大通りを、モンパルナスの方に向かって歩いて行く。サン・ミシェル大通りとの交叉点で向こうから大きな男が足早にやって来て、にこにことキュリー夫人に話しかける。

「こんにちは奥さん。」

「ああ、ダリューさん。こんにちは。」

「お散歩ですか。」

「実験のあいまにちょっと買い物に出ましたの。」

「ご主人はお元気ですか。」

「ええ、あいかわらず。」

「奥さんのポロニウムとラジウム。あれはわれわれの学校でも評判になっていますよ。メンデレーフの元素周期率表があれでぴったりとうずまるでしょうね。けれど奥さん。原子量を早く出してくださいよ。それでないと、あの周期率表のどこにどれがはいるのかわかりませんからね。そんな精密な数値を出さなくともよいのです。そんなことはドイツ人がやりましょう。八十とか九十とかいうていどの数値でよいのですから。」

「ええ、いまそれをやっていますの。」

「キュリー夫妻の名は、永久にのこりますよ。キュリー夫妻ばんざいだ。しっかりやってください。」

いたくなるくらい手をにぎって別れをつげたダリュー教授は大またに天文台の方へ行ってしまった。

キュリー夫人はサン・ミシェルの大通りをおりて、アベ・ド・レペ街から右にまがり、まっすぐに行けば物理化学校である。

「いまそこでダリューに会いましたの。」

「うん。この前の物理学集談会のあとでわたしも会った。いろいろとしんせつに忠告をあたえてくれたよ。」

キュリー夫人は買い物ぶくろからいま買って来たばかりの水玉もようの布を出してピエールに見せる。

「どう、この布地、イレーヌのために買いましたの。」

実験室の中は煙でむせるようである。買い物ぶくろをおき、実験着をつけたキュリー夫人は蒸発皿を眺めた。万事うまくいっている。

キュリー夫人は酸やアルカリや、たくさんの化学薬品のびんの間で、実験日誌をこくめいな書体で書いていくのであった。

一八九九年から一九〇〇年にかけて、キュリー夫妻はつぎつぎと論文を発表していった。まずラジウムによっておこされる「二次放射能」について一つ。これは金属などにラジウムの放射線をあてると、この金属がなにかの線を放射するようになるという新発見である。放射能の作用について一つ、放射線によって運び出される電荷について一つ。このさいごのものは、放射能がα、β、γの三種類からなっているという発見の第一歩なのである。そして、一九〇〇年秋の物理学会の総会には、ピエール・キュリー博士が放射性物質についての一般講演をするという名誉をうけたのであった。

X線とならんで、キュリー夫妻の放射能は、物理学界の大問題になってきた。それとともにキュリー夫人の、ラジウム塩を純粋に分離するという希望はますますつよまってきた。

暗やみに光るラジウム

「ねえ。マリ。こことうぶんの間、おまえのやっている仕事をやめてみないかね。」

「え、どうしてあなた、そんなことをおっしゃるの。」

「マリのする仕事があまりひどいので、わたしには見ていられないのだよ。ともかく、わたしたちはラジウムを発見したということはたしかであり、それについての新しい実験結果をわたしたちはたくさん発表している。このほうでもなすべきことは多い。マリのやっている純粋分離の仕事は、あまりに苦労が多すぎる。それよりも、もとの物理学の仕事にもどったほうが、マリのからだのためにもよいし……。」

「いいえ、あなた。それはだめです。わたしは、もうすぐで成功するところまできているのです。いまここでやめたなら、いままでの何年という苦労はなんの役にもたたなくなりますわ。」

「とんでもない。マリが精製した材料をつかってわたしたちはすでにたくさんの論文を出しているじゃないか。それが、マリの仕事がむだでなかったという証拠だと思う。」

「いいえ、あなた。もうすこしわたしにやらしておいて！　わたしは、わたしたちが見いだしたこのラジウムをわたしの手で大自然の中から取り出したいの。わたしはあなたのように、頭もよくありません。学問もありません。だけれど、労働者のようにからだをつかってやるこの精製の仕事は、あなたにはおできにならないが、わたしにはできる自信があります。もうすこしやらしておいて！」

「わたしはマリの健康をほんとに心配してるんだよ。」

「ええ、わたしも気をつけます。わるいガスは吸わないようにします。酸でやけどをしないようにします。だからやらしてね。」

キュリー氏は負けてしまった。キュリー夫人は毎日せっせと、蒸発皿、ビーカー、化学試薬のびんなどにかこまれて仕事をつづけていく。

一九〇二年、ついにキュリー夫人は純粋のラジウム塩一デシグラムをつくりあげるのに成功した。ふるえる手で原子量の測定がなされた。原子量二二五。いままでぶつぶついっていた化学者たちも、この結果の前には、まったく沈黙して頭をたれた。


「ねえ、なんてきれいでしょう。このラジウム塩は。ほら、こんなに暗いのに、そっと、ひとりで光をはなっているわ。この色、なんにたとえたらよいでしょうか。」

「きれいだなあ、なんともたとえようもない美しさだ。これはわたしたちだけが

知っている美しさだね。まだ世界のだれも知らない美しさだね。」

　いつもおちついているキュリー氏の声も興奮してかんだかい。

「あなた。あなたの忠告をおことわりした、わたしの強情をわすれてください。あなたのおっしゃるとおりだったの。わたしも何度か絶望して、この仕事をやめようと思いました。しかしこのわたしに、なにができるの。これをやりとおす以外に、わたしにはすることがなかったのよ。」

「よくわかっている。だけど、マリは自分を自分でけなしてはいけないよ。マリは、他のだれもが持たない才能を持っている。それだからこそわたしはおまえを妻にえらんだのだよ。うぬぼれてはいけないけれど、卑下することもよくない。自分の才能というものを公平な目で見て、その才能をどういうふうにいかすかを考えるのがほんとうのことなのだよ。マリ、このラジウムの仕事で、しっかりと自信を持つのだね。」

　キュリー夫人は泣いていた。声を出さないで泣いていた。そのなみだがどんなにふくざつな意味を持っているかは、ピエール・キュリーと、マリ・キュリーのふたりだけにしか、わからないものであった。

ふたりは腕をくんで学校を出た。ゆっくりと歩いて、ポール・ロワイヤルの大通りから右へ、ゴブラン大通りをくだって行く。このころは、キュリー一家はあのグラシエール街の五階のアパートを去って、ケレルマン通りの二階建ての小さな家に住んでいた。学校から直線距離で二キロ、パリの古い城壁のちょうど内側になるのである。

　パリの四月はまだ寒かった。しかし、ためらいがちに春はちかよってきてその顔をちらと見せる。すると、冷たい雨は暖かくなり、かれ草の下に新しい芽が出てくる。しかしそれも、一日か二日で、また冷たいみぞれなどがやねをたたく。

　その夜は、こうした暖かい夜であった。だまっていたピエール・キュリー氏がいった。

「マルソーのおとうさんの、病気のぐあいはどうなのかね。」

「二、三日前の手紙では、たいしたことはないだろうといってきたのですけれど、もう年が年ですから……。」

「その点、うちの父は元気だなあ。スクロドフスキー氏は苦労をなさったからね。」

ケレルマン大通りからすこしはいったところの小さな門を開く。家の中でリリーンとすずの音がする。玄関にあかりがもれてきた。

入口を開いたのはキュリー医師である。この老人は、妻を失ってからピエール・キュリーの家に来て、孫のイレーヌを相手に余生を送っていた。

「お帰り。マリにポーランドから手紙がきているよ。」

キュリー夫人はいそいで封を開く。顔色がかわった。

「父が胆嚢の結石で、手術をしたのですって。もしものことがあれば電報をうつといってきたのですけれど。」

「きっと元気になられるよ。さあ食事をしよう。」

ピエール・キュリー氏はやさしく妻の手を持って食堂にはいって行った。その夜、電報で、マリ・キュリー夫人は大いそぎでワルソーに行ったが、スクロドフスキー氏の死には、まにあわなかったのであった。

キュリー夫妻のこうした生活は、しずかだったが、経済的な苦しみのまっただなかにあったのだ。ピエール・キュリー氏の月給は五百フランであり、これは夫婦ふたりだけで、質素な生活にまんぞくするとすればまずじゅうぶんである。けれど、イレーヌが生まれてからは、そうはいかなかった。イレーヌにうばがいるし、ふたりが実験室で一日を送るのであるからメイドが必要である。ケレルマン通りの家にうつってからはキュリー医師がいっしょに住むことになった。これはキュリー夫人も望んだことで、イレーヌのせわをうばだけにまかせるより、医師である義父が見てくれるほうがはるかに安心だったからである。そのため、月額にして二百フランをかせがなければならなかった。

　もしピエールが、ソルボンヌの教授に任命されたら、年額一万フランの俸給であるから、困難はいっきょに解決される。地位とか名誉とかを望んだことのないピエール・キュリー氏は、はじめてソルボンヌの教授になりたいと思った。一八九八年にソルボンヌの理論化学の講座に欠員ができた。ピエール・キュリー氏はこれに立候補した。けれど、かれはあの有名な理工科学校の卒業生でもなく、高等師範学校の卒業生でもない。学者としての業績はりっぱであるが、学歴の点でキュリー氏は落選をしてしまった。

　だが一九〇〇年になって、ピエール・キュリー氏は思いがけない申し出をうけた。それはスイスのジュネーヴの大学が新しい講座をもうけて、キュリー氏に教授になってくれと、いってきたのである。キュリー夫人も公式の地位に任命してくれるというのである。

「マリ、この手紙をどう思う。」

「すばらしい申し出だと思うわ。これで生活の苦しみがなくなり、美しい官舎に住み、広い設備のととのった研究室で、たくさんの助手をつかって仕事ができるのですから。」

「そうだね。いまのわれわれの状態では、自滅していくばかりだ。イレーヌの将来のこともあるし、これはよく考えることにしよう。」

ふたりはこの年の七月に、ひとまずジュネーヴに行ってみた。ジュネーヴ大学では、あらゆる待遇をキュリー夫妻におしまなかった。

すぐフランスに帰ったふたりは、よく考えた。ここでジュネーヴに行くときめてしまえば、研究途上のラジウム塩の純粋分離の仕事はしばらく中絶してしまう。やりかけた仕事だ、さいごまで進もう。ふたりは目をつぶるようにして、ジュネーヴ大学にことわりの手紙を書いた。

そして、そのピエール・キュリー氏を待っていたものは、ソルボンヌの予備部で学生を教えること、キュリー夫人を待っていたものは、セーヴルの女子高等師範学校の教師のくちであった。どんな職でもよい。なんとか生活をしていかなければ……。これがふたりのいっちした考えであった。

ケレルマン大通りで、開通したばかりの電車に乗ったキュリー夫人は、だまって窓外のけしきを眺めた。城壁にそって輪のように大通りが走り、そこを電車はがたんことんと走って行く。ムリノーが終点で、そこで降りてオートイユの橋をわたり、ふたたびサン・クルー行きの電車に乗る。終点がサン・クルーの橋で、これをわたってまっすぐ行けばヴェルサイユである。その道をキュリー夫人は左におれて、並木にふちどられた坂道を上がって行く。

いかめしい女高師の建物は、小高い丘の上にあって、はるかにムードンの森をのぞんでいる。キュリー夫人は守衛に手をあげてあいさつをして教員室にはいり、いすに腰をおろし、物理学の教科書を開く。下調べはじゅうぶんにできているけれど、ねんのために、もう一度目をとおす。たいこの音がかるくひびいてくる。

授業開始のあいずだ。

キュリー夫人は教科書と、はくぼくの箱を持って一年生のための物理講義室に行くと、助手のソランジュ嬢はいいつけておいたとおり、生徒に見せるための実験の用意をしている。

キュリー夫人が講義室にはいると、ざわめいていた室がぴたりとしずかになる。教科書を開いてキュリー夫人は、階段講堂にすわっている若い女生徒たちの顔を眺めた。

「きょうは、熱力学の第一法則および第二法則についてお話ししたいと思います。」

生徒たちはこうした講義を、うっとりと聞いている。外国人のせいか、フランス語をうたうようにしゃべるこの新しい先生は、ラジウムとかいうものを発見したのだって、放射能の学問を開拓したのはこのキュリー夫人。そんなことをだれもが考えながら、キュリー夫人の講義に耳をすましていた。

いばらの道はつづく

ワルソーで、父スクロドフスキー氏の葬式をおえたキュリー夫人はパリに帰った。女高師の講義と、物理化学校の実験室でのラジウムの研究で、からだはつかれはてていた。たまに会う友人はキュリー夫人の顔色のわるいのに、きまっておどろくのである。

キュリー夫人は知らずして、今日のことばでいえば放射能症にかかっていたのだ。イレーヌのつぎの赤ちゃんがおなかにやどったのであったが、これは流産してしまった。神経系統もいためられて、夜中にきゅうにおきあがってへやの中を、なにも知らずに歩きまわることもある。ひどく苦しい毎日であった。いばらの道はまだつづく。

一九〇三年六月二十五日。キュリー夫人はきんちょうしていた。むかし、物理学の学士試験をうけた時のように。しかし、あのころのようなおそれる気持はなかった。

ソルボンヌの「学生の間」とよばれる広間は、聴衆でいっぱいだ。その中にはキュリー夫人が教えているセーヴルの女高師の生徒も何人かまじっている。

壇の上には、リップマン、ブーティ、モワサンと三人のソルボンヌ大学教授がひかえている。きょうは、「放射性物質に関する研究」を学位論文として提出した、マリ・キュリー夫人の公開審査の日なのであった。

リップマン教授が開会を宣言し、キュリー夫人は壇の上の小さな黒板の前に立ち、そしてしずかな声で、かの女自身が発見し、開拓してきた放射能学について語るのであった。聴衆の後に、夫のピエール・キュリー氏、義父のキュリー医師、それに、医学博士の論文を提出しにパリに出て来た、姉のブローニャがならんで聞いているのが見えた。

一時間ばかりかかって説明がすむと、審査員の教授たちから質問が出る。その質問に、キュリー夫人ははっきりと答えるのである。あるときは黒板に実験装置の図を書き、あるときは長い数式を書いてみせた。

リップマン教授が休憩を宣言して、審査員の先生はそろってへやから出て行った。聴衆はざわめいて立ちあがった。

「とてもよかったよ。すばらしかった。」

ピエール・キュリー氏はこういって妻の手をやさしくにぎった。

「わたしもマーニャみたいに、どうどうとやらなければ。」

数日後に医学博士の学位審査をひかえたブローニャがいう。キュリー夫人は、わかわかしい女高師の生徒にかこまれて談笑している。


守衛がふたたびはいって来た。それにつづいて、リップマン教授を先頭に立て、ブーティ、モワサンの二教授が入場し、着席した。キュリー夫人はその前に立った。

「本審査委員たちは、ただいまマリ・キュリー夫人提出の論文『放射性物質に関する研究』をしんちょうに審査いたしましたが、パリ大学の名におき、『優』の評点をもって、理学博士の称号をさずけるものであります。」

ぱちぱちと聴衆の拍手は鳴りやまなかった。用意のシャンペン酒が出され、リップマン教授はさかずきをあげてマリ・キュリー夫人の前途を祝った。

ふたりの古びた自転車はケレルマン大通りを上り、シャティヨン門からパリの城壁を出た。マロニエの花がぽつぽつと開きはじめている並木道を、クラマールの森の方へ走って行く。ムードンの坂下につくと、ふたりは自転車をゆっくりとおしあげながら歩いた。ふたりはなにもいわなかった。坂の上を走ると、見あげるような大木の並木が一キロばかりもつづき、その奥にムードン天文台のまっ白い建物が見える。ふたりはそこを横におれて森の中にはいって行った。人かげはなかった。大きなかしの木の下のしばの上に、ふたりは自転車から降りて足をなげ出した。

「ねえ、ピエール。わたしたちはすきでやっているのだけれど、科学の道というものはきびしくつらいものだと思わない？」

「ほんとうだね。わたしもときとしてがっかりしてしまうことがよくあるよ。」

「べつにむくいをもとめる気持はすこしもないけれど、もうすこしひまができないものかしら。あなただって、ソルボンヌの予備部の教師はいそがしいばかり、わたし、女高師の生徒を愛してはいますけれど、セーヴルまで週三回も通う時間のむだには、へいこうしますわ。」

「わたしはむかしからよい地位、よい月給をもとめて行動したことは一度もなかったのだが、しかし、このごろのように、研究したいことが頭にいっぱいつまっているのに、それがやれない境遇を思えば、ほんとうにソルボンヌの教授になりたいと思う。」

「あなたはそれだけの価値のある人よ。それなのに、ソルボンヌでは落選し、科学学士院の会員にも落選するなんて、世間の人は見る目がないと思いますの。そりゃあなたは理工科学校も出ていないし、高等師範学校も出ていないけれど、しかし、学者というものは学歴だけで判断されるのでなく、その学術上の業績によって判断されるのがとうぜんではないかしら。」

「マリのいうとおりだとわたしは思う。だけど、フランスの学術界の現実というものを見れば、なかなかりくつとおりにはいっていない。そういうわるいことはだんだんとなおしていかなければ、フランスの学術はおとろえていくばかりだろう。」

「ポーランドにもいろいろわるいところはありましたけど。フランスにもあるのね。」

キュリー夫妻の生活には喜びも多かったが悲しみもあった。科学上の発見がキュリー夫妻の心に大きな喜びを与えれば与えるだけ、現実の世の中から感じる悲しみはつよかったのである。そして、ピエール・キュリーの病気が、これにかさなった。

キュリー氏にはときどき、もうれつないたみの発作がおこるようになった。はっきりした原因がわからないので、医者は診断にこまり、リューマチであろうといった。

一度発作がおこると、ピエール・キュリー氏はあぶら汗を流してうなりながら苦しむ。見ているキュリー夫人は、自分の胸をしめつけられるようであった。そういう苦痛がしずまれば、キュリー氏は重いからだをひきずるようにして、キュヴィエ街のソルボンヌ予備部へ行き、物理学の講義をする。たくさんの生徒たちは、目の前に立っている長身のこのやせた先生が、世界的に有名な人であることを知らずに、講義中でもがやがやとさわぎたてる。キュリー氏はときどき講義をやめて、さわいでいる生徒たちをじっと眺める。その目には悲しみがみちていた。

試験の答案を見るのも、たいへんな仕事だ。いったいなにを勉強しているのか、と思われるくらい、答案はふできである。自分はなんのために教えているのかと、ためいきの出るような気持であった。

「マリ、たいへんだ。ごらん、この論文を。」

物理化学校の実験室で、試験管をふっていたキュリー夫人のところに、ピエール・キュリー氏がとびこんで来た。出された論文の別刷りは、イギリスの物理学者のラムゼーから送ってきたものである。この学者は世界的に有名な人であった。内容はラジウムに関する研究で、ラジウムはつねにヘリウムの原子核を空中に放射していることを証明したのであった。なんということだろう。一つの元素がたえず他の元素を生み出すなんて！　これは古いむかし、無から金を生み出そうとした錬金術師がゆめみたことであったが、それが現実に、この世の中でしぜんにおこなわれていたのであった。

「まあ、わたしたちの仕事にたいして、フランスの学者たちがけちをつけている間に、外国の人は正しく判断してくれるのね。」

キュリー夫人の声は喜びにふるえていた。

(このキュリー夫妻の発見をきっかけとして、二十世紀は原子物理学が花のように開き、さかえたのであった。キュリー夫妻のあじわった希望や幻滅。それが今日の「原子物理学」の基礎となり、「原子力の利用」というところまでみちびかれたことを思わねばならない。

放射能ということば一つにしても、われわれ日本人は耳にたこができるほど聞きなれている。広島、長崎の原子爆弾、ビキニの水素爆弾、あるいは何万キロワットという大きな原子力発電所のことなど、われわれはよく知っており、それにはかならず放射能ということばが出てくる。こうした広大な学問の発達の出発点が、パリ、ローモン街の、倉庫を改造したきたない実験室であった。そこに、ピエール・キュリーとマリ・キュリーというふたりの夫婦が、その健康までぎせいにしながらはげんだことにあったのである。これを、われわれ日本人は、しっかりと心にとめなければいけないと考える。)

キュリー夫妻はまもなく、英国の物理学者ラザフォードが、放射性物質の研究から、元素の「放射性変換」説を提出した論文をうけとった。この考えはキュリー夫人をとくに喜ばせた。それは、キュリー夫人が放射能という、ふしぎな現象を観察した時から考えていたことで、それをこのようにみごとな大胆な形でまとめたラザフォード卿の論文に、ふたりは大きな敬意を表した。

キュリー夫妻の研究をもととして、アクチニウムという新しい元素が、フランスの若い学者ドビエルヌにより発見された。ラジウムは熱を発することも知られた。ラジウムは自分自身で熱を発生し、それを外界に放散する。ラジウムは、ヘリウムの原子核ばかりでなく、電子とX線ににた物質を透過する力のつよい線を出すことも知られた。これをギリシャ文字のABCをとって、α、β、γと名づけられた。発見は発見を生んで、いままでねむったような科学界は、きゅうに活気をおびてきた。世界の学者が放射性物質に目をつけ、そのいろいろな性質をあきらかにして、新しい発見をしようとした。ドイツの医者は、ラジウムが悪性のがんの治療に有効であると発表した。キュリー夫妻のラジウムの影響が、ものすごいいきおいでどんどんとひろがり、とまるところを知らないありさまであった。

第八章　栄光と悲しみ

ノーベル賞をうける

ジュネーヴ大学の、キュリー夫妻への申し出はかってふたりを喜ばせたのであったが、それにもまして一九〇三年六月の英国王立協会の、正式の招待は夫妻を喜ばせた。

この古い伝統を持つ英国の学術団体は、キュリー夫妻を招待し、ラジウムに関する講演をしてもらいたいといってきたのである。

王立協会の講演室には文字どおり、イギリスの指導的な科学者が、全員顔をそろえていた。その前で、ピエール・キュリー氏は、きわめて明晰な講演をし、持って来たラジウムで、金箔験電器を放電させ、蛍光物質であるところの硫化亜鉛を光らせた。熱が発生していることは、大きな氷のかたまりの上にのせると氷がとけて、ラジウムが、それをつつんでいる鉛とともに氷の中に沈んでいくのを見せることによって示した。

きらびやかな宴会。同席している淑女たちのきらきらと光るくびかざりやゆびわ。そうした中にあって、そまつな服装をしたふたりは、正面の席にすえられて、英国の学者たちの賞讃のことばを聞いた。

「ああいう宝石を買うだけのお金が、わたしたちにあればねえ。」

ホテルにもどったキュリー夫人がそっといった。

「何万フランもするのだろうな。それだけのお金がありさえすれば、わたしたちふたりはもっともっと研究ができるだろうに。」

キュリー氏もなげいた。ふたりはほんとにお金がほしかった。ぜいたくをするためではない、よりよい研究をするために。

その一九〇三年十一月のはじめごろに、とつぜん、キュリー夫妻は一通の電報をスウェーデンからうけたのである。

「ノーベルショウ　ノ　ブツリガクショウノ　ナカバヲ　キカニ　オクルコトニ

ナイテイシタ。イサイフミ。スウェーデンカガクガクシイン。」

この電報を持ったキュリー夫人の手は、ふるえていた。

「あなた、とうとうきたわね。」

キュリー氏は、だまってうつむいている。泣いているのかもしれなかった。学者としての最高の名誉であり、しかも、それには多額の賞金がついている。まえから、キュリー夫妻にノーベル賞が与えられるかもしれない、といううわさをふたりは聞いていた。だが、たびかさなる失望と幻滅になれているふたりは、そんなうわさを、あてにしていなかったのである。

この電報につづいて手紙がきた。

「すでに電報で申しあげましたとおり、スウェーデン科学学士院は、その十一月十二日の委員会において、本年度ノーベル物理学賞の半分を、ベックレル線に関する、あなたがたのみごとなる協同研究への評価のしるしとして、あなたがたにさしあげることに決定いたしました。

公式の総会がある十二月十日までは、秘密ということになっておりますが、その席上で授賞のことをまかされた、各種学術団体の決議が発表されるはずであります。

そして同じ機会に、賞状および金牌が授与されることになっております。

そこで、科学学士院の名において、わたしはあなたがたが、その総会に出席され、みずから褒賞をうけられるよう、お招き申しあげるしだいであります。

ノーベル財団の規約第九条にもとづき、この総会につづく六ヵ月以内に、ストックホルムにおき、授賞された業績に関係のある主題についての公開講演を、あなたがたにしていただくことになっております……。」

科学学士院の幹事、アウリヴィリウス教授がさしだし人である。

「どう、ストックホルムに行く?」

キュリー氏は夫人に問いかけた。

「どうしましょう。十二月といえば、わたしの女高師の講義ははじまったばかり。あなたの予備部のほうだとて同じでしょう。いったい、ストックホルムまで何時間かかるのかしら。」

「直行だと、やく五十時間、まる二日だ。往復だけで四日間はむだになるね。それに、三日滞在したとしても一週間は、まったくむだになってしまうわけだ。」

「ストックホルムの十二月は、寒いのでしょうね。」

「ワルソーよりも寒いだろう。マリは疲れているし、わたしのリューマチもあるし、この冬の旅はむりだと思うな。」

「六ヵ月以内に講演をすればよいのですから、もっと時候がよくなってからにしませんか?」

「そうしよう。」

キュリー氏は手紙を書いた。

「ストックホルムの科学学士院が、ノーベル物理学賞の、半分を授けてくださることによって、われわれに大きな光栄を与えてくださることを、ありがたくぞんじます。われわれの感謝の気持と、心からなるこのことばを、あなたから学士院へお伝えくださいますよう、お願いいたします。

十二月十日の総会にわれわれがスウェーデンに出かけることは、ひじょうにむずかしいのです。それは毎年この時期には、われわれふたりともに授業があり、休めばこまることになるので、不在にするわけにはいきません。かりに、その会に出かけるとしましても、ほんのわずかの期間しか滞在はできません。そして、スウェーデンの学者のかたがたとお近づきになるほどのひまはないでしょう。それに、妻はこの夏に病気をしまして、まだ完全に回復はしておりません。

それでわたしは、旅行と講演の時期を、もうすこしあとにしていただきたいと思います。たとえば、復活祭ごろか、できるなら六月の中ごろですと、われわれはストックホルムに行くことができると思います。」

ノーベル賞をもらうために、授業を休むくらいはなんでもないことである。文部省もそれを認めたであろう。しかしキュリー夫妻は、ま冬の長い旅行を、健康のためにおそれたのであった。

一九〇四年になって、ソルボンヌはキュリー氏のために新しい物理学の講座をつくり、ソルボンヌの教授としてかれを迎えることになった。学長のリヤール氏は、文部省や大蔵省を駆けまわって、その予算を認めさせた。ピエール・キュリー氏はうれしかったが、さてその予算の項目を見ると、講座新設のための、教授の俸給のほかになにもないのである。

つまり、教授は講義をするだけで、研究のための実験室も、それに必要な助手も、研究費も認められてはいないのだ。ソルボンヌ教授になった時に、物理化学校の実験室をあけわたさなければならない。

実験はせずに講義だけの教授など、ピエール・キュリー氏にはうけることのできないものであった。かれはソルボンヌのリヤール氏に会いに行った。

学長室は、ソルボンヌの建物をはいった二階の気持のよいへやである。リヤール氏はキュリー氏をにこにこと迎えた。

「なんとかここまでこぎつけました。もうすこしのしんぼうです。」

リヤール氏は、あいそうよくたばこをすすめたりする。

「じつは、わたしの教授の件ですが、あの予算を見ましたところ、教授の俸給だけで、実験室の費用その他なにもないので、どういうわけかをうかがいに来たのですが。」

「そうそう。あの予算はおかしいでしょう。それにはわけがあるのです。政府の財政の膨張で、大学における講座の新設は公式には認められていないのです。したがって、わたしは最低限度の予算にして、これを文部省と大蔵省にやっと認めさせました。あなたのごふまんはよくわかります。それで、どうしたらよいかを、あなたと相談しようと思っていたところです。」

「わたしは、ソルボンヌの教授になるのはありがたいのですが、講義だけする教授ならば、ごじたい申しあげたいのです。わたしの生命は研究生活をおくることです。教授になった時から、物理化学校と、キュヴィエ街の予備部の研究室を失うのでは、まったく無意味だと思います。」

「そう、わたしもそう思います。それでどうでしょう、キュリーさん。あなたのその気持を、はっきりとわたしにあてて、手紙で書いてくれませんか。わたしはそれを、あなたのノーベル賞の業績にあわせて文部省に出し、厳重にかけあいます。文部省はあなたをソルボンヌ教授として承認しているのですから、そういう強硬な申し出があったとしても、あなたの教授任命を中止するわけにはいかず、どうしても、その申し出を考慮せざるを得なくなるでしょう。」

このリヤール氏の策戦は成功した。フランス国民議会はキュヴィエ街に新しく実験室を建てること、年額一万二千フランのキュリー氏の俸給、新実験室の設備費として三万四千フランを支出することなどを可決した。
物理化学校の実験主任を、キュリー氏は愛弟子のポール・ランジュヴァンに与えた。この人は後に、めざましい業績をあげて世界的な物理学者となった人である。

新しい講座の実験主任に、マリ・キュリー夫人が任命された。フランスの大学の歴史において、女性が正式の職員として大学に籍をおくのは、キュリー夫人がはじめてである。年額二千四百フランの俸給をくれるという、正式の辞令をキュリー夫人は喜んでもらった。

「これで、遠いセーヴルまで出かけて行かなくてすむのですね。いつもいっしょに研究ができますわね。それも正式に……。」

キュリー夫人はにこにことキュリー氏にいった。物理化学校で、キュリー夫人のやっていたことは、校長がとくべつにゆるしてくれたのであって、けっして正式に実験室をつかっていたわけではない。それだけに、文部省の辞令はキュリー夫人を喜ばせたのであった。

ピエールの死

まえに一度落選した科学学士院の会員にも、ピエール・キュリー氏は当選した。学士院会員になったとて、べつに物質的な便益があるわけではないが、学者としての名誉ではある。むかし、びんぼうのひどかった時に学士院会員になれば、研究のためなにか便益を得られるかと思って立候補し、落選してがっかりしたのであったが、お金もあり、地位もあるいまとなって、望みもしないのに会員にえらばれてしまった。人生というものは、ひにくなものである。

一九〇五年は、新しい研究室の整備、ソルボンヌの講義の準備、新しい助手たちの訓練などについやされた。いきいきとした、ほがらかな雰囲気がキュリー一家をおおっていた。そして次女のエーヴが生まれた。

一九〇六年の四月、キュリー一家はサン・レミレ・シュヴルーズの谷に借りた農家で、復活祭の休暇をすごした。パリの南の郊外のこのあたりは起伏に富んだ地形で、思いがけぬところにしずかな池があったり、せまい小道をたどって行くと、ぱっと眼界がひらけてひろびろとした牧場があったりする。パスカルという哲学者がこもって有名な本を書いた修道院もある。夕がたになると、キュリー一家は大きなびんをさげて、近所の農家に牛乳を買いに行く。

白い道はうねうねと森の間をぬっている。イレーヌは先にたって走りまわる。

「ママン、きれいなお花があるわよ。」

イレーヌの、あどけない声が、森の中にこだまする。

「あまり走りまわってはだめですよ。」

エーヴを抱いたキュリー夫人が叫ぶ。キュリー氏は、いぬのように鼻をひろげて、清浄な空気を胸いっぱいに吸いこんでいる。

農家の庭にはいって行くと、だれもいない。

「こんにちは、ルグランさん。」

父のことばをそのまままねて、イレーヌが叫ぶ。

「こんにちは、ルグランさん。」

「はあい。」

と、遠くで声がして、ルグランのおかみさんが、木ぐつをポコポコと鳴らしながら駆けて来た。

「こんにちは、キュリー先生。こんにちはお嬢ちゃん。おいしいおいしい牛乳を、いまあげますよ。」


みんな、庭のかたすみの石の上に腰をおろす。イレーヌは、こわそうな足どりでうし小屋をのぞく。「モーッ。」と、雌牛が鳴くと、びっくりして両親のところに駆けもどって来る。

大きなばけつにいっぱい、あわのたつ牛乳をしぼった、ルグランのおかみさんが出て来た。

「お嬢ちゃん、いっぱいお飲みなさい。まだあたたかいですよ。」

さし出されたコップの、しぼりたての牛乳をイレーヌは飲む。たらたらとあごからたれる。

「もっとおぎょうぎよく飲むのですよ。」

キュリー夫人が声をかける。

「だって、あんまりおいしいんですもの。」

イレーヌのなまいきなことばに、みなどっと笑うのであった。

楽しい休暇がおわると、パリに帰り、キュリー夫妻は、もとのように勤勉な研究室の生活をつづけていった。

このころのパリの天候はほんとうにかわりやすい。休暇ちゅうの、あの初夏を思わせるような美しい空とはうってかわって、冷たい風が吹き、こおるような雨が降る。人々はあわてて、しまいこんだ冬外套を持ち出すのである。

四月十九日のこの木曜日は陰鬱な天候であった。ピエール・キュリー氏は、毎木曜日に行われる理科大学教授の午餐会をすませてから、大きなかさをさしながらサン・ミシェルの大通りをくだって、セーヌ川の岸を左に歩いて行く。川岸に大きな本屋がある。科学関係の本を出版する、ゴーティエ・ヴィヤール書店である。その入口に立ったキュリー氏は、とびらがあかないのにおどろいて見ると、ストライキのために休業すると、はり札がしてある。

「しかたがない。」

キュリー氏はそうつぶやいて、そのすぐ先の川岸にある学士院に行くために、またかさをさした。二分も歩けばポン・ヌフという橋である。川岸に直角にドーフィーヌ街があって、ここは商店の多いにぎやかな通りである。警笛を鳴らしながら電車がこの通りから出て来た。そして左の方に曲がって行く。そのあとを通って向こう側にわたろうとするキュリー氏の前に、橋の方から一台の辻馬車がやって来た。おどろいて後へとびのいた瞬間、反対の方から大きな運送馬車が走って来る。それを避けようとした時、キュリー氏はつるりとすべってころんでしまった。その頭の上を運送馬車の車輪が通りすぎて行った。


よびりんが鳴る。キュリー医師は、あやしていたエーヴのそばから立ちあがって入口のとびらを開いた。玄関には青ざめたふたりの紳士が立っていた。

「理学部長のポール・アッペルです。」

「わたしはジャン・ペランです。」

ふたりのただならぬようすに、キュリー医師はあわててキュリー夫人に客の来たことを知らせた。

なにも知らぬキュリー夫人は、二階から降りて客間にあらわれた。

「いらっしゃいまし。ただいま主人はるすでございますのよ。」

このことばにペラン教授はあわてて顔をそむけた。キュリー夫人はふたりのようすに、なにか不吉なものを感じてさっと青ざめた。

「奥さん、そのキュリー氏のことなのです……。ピエール・キュリー氏は、交通事故で即死なさいました。」


そのことばをキュリー夫人は、ぼんやりと聞いたような気がした。からだがよろめく。やっと暖炉のすみに手をかけた。返事は声にならなかった。目をとじていた。涙も出てこない。

アッペル氏は、おもおもしい口調で事件のくわしいことを話す。キュリー夫人はだまってうなずくばかりであった。

「かわいそうなあなた。長い間苦労に苦労して、やっとすこしばかりの幸福をつかんだばかりなのに。それに、まだ研究の計画がたくさんあるのに。すべてが無になってしまった、かわいそうなあなた。」

キュリー夫人は心の中でたえず叫びつづけていた。

自由思想家にふさわしいピエール・キュリー氏の質素な告別式と葬式。遺骸はソーの墓地、母の眠っている横にほうむられた。すべてのおわった時、キュリー夫人はげっそりとやせこけてしまっていた。

新しくつくられたばかりのピエール・キュリー氏の講座をどうするかが、ソルボンヌで大問題となっていた。放射能について、キュリー氏のあとをつぐような学者は、キュリー夫人のほかにだれもいないということは、すべての人の考えることであった。キュリー夫人は講師に任命されて、その講座をうけもつことを、しぶしぶと承知した。キュリー氏がいない講座など、キュリー夫人にとっては、なんの魅力もないものだったからである。

「ねえあなた。あなたのあとを、わたしにつげと人々はいいますの。あなたの講義と実験室の指導をとうとうわたしは承知してしまいました。よいことでしょうか、わるいことでしょうか。わたしにはそれがわかりません。わたしがソルボンヌで講義をするようになるとよいのだがと、あなたはよくおっしゃいましたわね。

それで、わたしは、すくなくとも努力をしてつづけていきたいと思います。そうするほうがわたしにとっていちばん生きやすいようにも思われますし、だけど、また、そんなことをするのは、普通ではないようにも思われるのです……。」

「ねえあなた。わたしはどこまでも、あなたのことを考えています。わたしの頭はあなたのことでいっぱいです。わたしの理性はみだれます。あなたを二度と見ることもなく、あのなつかしい微笑もなく、これから生きていかなければならないとは、どんなにつらいことでしょう。」

人から見ればだまってなにもいわず、うちひしがれたように、いすにすわってばかりいるキュリー夫人の胸の中では、こうしたはげしいことばが姿のない夫とかわされていたのである。

「ねえ、マリや。相談があるのだがね。」七十九歳になるキュリー医師は、へやの中でじっと考えこんでいるキュリー夫人にことばをかけた。キュリー夫人は微笑をもってこの義父を迎えた。

「ねえ、マリや。ピエールは死んでしまったし、このわたしがおまえの家にやっかいになっている理由がなくなった。わたしはモンペリエのジャックのところへ行ってもよいと思うのだがね。これは、おまえの家がわたしに気にいらないというのではないのだよ。」

「おとうさんは、イレーヌとエーヴのいちばんよいお友だちですから、おとうさんが行かれてしまうのは、わたしにはつらいのです。けれど、もしおとうさんが、モンペリエにいらっしゃりたいのならしかたがありませんわ。おとうさんのおすきなようになさって……。」

「すきなようにといわれるのなら、わたしは、ここでイレーヌやエーヴと暮らしたいのだが。」

キュリー夫人はその目をあげてにっこりと微笑した。

ひとりの未亡人、七十九歳の老人にふたりの娘。これがキュリー一家のすべてなのである。

悲しみをこえて

なき夫の思い出のあまりにはっきりのこっているケレルマン通りの家をはなれて、キュリー一家はソーの町に小さな家を見つけてうつった。新しい家はシュマン・ド・フェール街六番地の、なだらかな坂の途中にある、質素だが気持のよい家で庭が広かった。イレーヌはここで自分の花壇をつくった。エーヴは庭のあちこちと歩きまわっては自由に遊ぶことができた。うばのカミエンスカに手をひかれてソーの公園にも行く。

　この婦人はキュリー夫人の兄ジョゼフの義理の姉でよく気のつくやさしい婦人であり、ひとりぼっちになったキュリー夫人の家へ、なつかしいポーランドの香りを運んでくれたのである。家庭教師であり、家令であり、うばでもあって、家の中のことをてきぱきと処理してくれた。

　エーヴはカミエンスカに手をひかれ、イレーヌとともに公園の鉄門をはいる。ポプラの並木が高く風にそよいでいる。広い池があり、そのつきあたりは高いがけになっている。池には、はくちょうの形をしたボートが浮かべてある。イレーヌは一度カミエンスカにボートに乗せてもらった。いつでも公園に来るとボートに乗ろうといってカミエンスカをこまらせるのであった。

ソーからソルボンヌに毎日通うのは、キュリー夫人にとってたいへんな仕事だった。家を出て、キュヴィエ街の研究室にはいるまでに一時間はかかる。昼食はみな自宅で食べるのがフランスの習慣であったが、キュリー夫人は小さな腸づめと一きれのパン、それにお茶くらいで昼食を研究室の自分のへやで食べてしまう。

キュリー夫人はいそがしかった。十一月五日の新学期から物理学の講義をソルボンヌでせねばならず、その準備に大部分の時間をとられていた。実験もつづけていかねばならない。この一九〇六年の夏は、キュリー夫人は子供たちをいなかに借りた別荘にやり、ひとりだけでソーの家に暮らした。

むくむくとふとったマロニエの並木が、石だたみの道をはさんで立っている。キュリー夫人は黒い喪服を着てことことと歩いて行く。めだたない容貌のこの夫人は、別荘ふうの美しい家の並んだ区域をはなれて、商店街のせまい道にはいる。肉屋、かんぶつ屋、こまもの屋などが並び、店にいる主人やおかみさんたちは、

「こんにちは、キュリー夫人。」

と、あいさつする。キュリー夫人はそれらに、かるく頭をさげていく。向こうに町役場が見える。かかげられた三色旗。入口の「自由・平等・博愛」の銘もむかしのままである。三十九歳になったこの夫人は、あの愛するピエール・キュリーと結婚した時のことを思いうかべる。苦労したとはいえ、あのころは、ほんとうの苦労というものをすこしも知ってはいなかった。生活は苦しかったけど、愛する人といっしょに、前途に希望を持っていた。それだけでも幸福だったのだ。いまは生活に苦労はない。子供も成長しつつある。大学にしっかりとした地位もある。だけれど、愛する人はもういない。

　駅からぞろぞろと外国人らしい一団が出て来た。ソーの公園を見物に来たのであろう。その外国人たちは、いますれちがったあの女の人が、どこにでもいるへいぼんな中流家庭の奥さんらしい人が、放射能のキュリー夫人だということは知らない。

　キュリー夫人は道を左に曲がる。家の門が見える。かぎをあけてはいる。イレーヌの花壇のていれをしてやらねばならないと考える。

「ゴデじいさんにたのむのだわ。庭も手いれをしなければ。」だれにいうともなく、口に出していってみる。

「物理学第三講義室はどこでしょう。」

ソルボンヌの受付は、何十度となくくりかえされる質問に、すこしかんしゃくをおこしている。

「いったい物理の第三講義室になにがあるのだろうか。」

そんなことを考えていると、

「あのう、ちょっとおたずねしますが……。」

「物理の第三講義室でしょう？　この廊下をまっすぐに行って階段を上がってから右に曲がって……。」

そんな説明を待たずにその婦人ははいって行く。聞く必要はないのである。学生たちがぞくぞくと並んで行くのについて行けばよい。

この十一月五日の物理学第三講義室には、パリの社交界の婦人たちが、まるで、しばいの初日のようにおしゃれをして来ていた。

キュリー夫人にはなんの縁もないこうした婦人たちは、女でノーベル賞をもらい、夫の劇的な死によって有名になったキュリー夫人を見にソルボンヌに来たのであった。学生たちはびっくりしていた。だいいち、すわる場所がないからである。

「もっとつめてくれよ。いったいどうしたんだね。きょうは。」

「おすなよ。もういっぱいで、はいれないよ。」

「なんだ。よいにおいがするじゃないか。」

「貴婦人でいっぱいなんだ。おい、おすなよ。」

「われわれ学生こそ、入場する権利があるんだぞ。キュリー夫人の講義が聞きたければ、ちゃんと学務課で登録してこいよ。」

「おれたちにいったってだめだ。お客さまたちにいえ。」

「そんなら入れてくれよ。」

「それがだめなんだ。」

講義室はたいへんな騒ぎである。

キュリー夫人が黒板の横のドアからはいって来る。中背の、黒ずくめの質素な服装である。一瞬騒ぎはぴたりとおさまった。講義原稿を机の上において聴衆を見まわし、キュリー夫人もまたおどろいた。学生とは思われないきらびやかな服装の婦人たちが教室の中にぎっしりみちていたからである。こういう軽薄な婦人たちをこそ、キュリー夫人はきらっていたのであった。しかし冷静な低い声で夫人は講義をはじめた。

「やく十年このかた、物理学において達成されました進歩を考えてみますとき、電気および物質の構造に関して、われわれの思想の中におこされました大変革におどろかされるのであります。

その第一は、電気というものがどういうものかと考える、その考えかたの変化であります。その第二は、放射性物質の発見によっておこされましたところの、物質の放射性変換であります。この変換こそは、むかしから錬金術師たちがゆめみて、実現することのできなかった、Aという元素から、Bという元素を生みだすことなのであります……。」

ほとんど単調ともいえる声で、キュリー夫人はこの初講義をおえた。なにか劇的な場面を期待してキュリー夫人を見に行った社交界の婦人たちは、いささか期待はずれであったが、それでも有名なキュリー夫人を見たことに満足して帰って行った。

逃げるようにしてリュクサンブールの駅から汽車に乗ったキュリー夫人は、がっくりと二等車の座席にすわった。たえられないほどつかれていた。この十年間の物理学の進歩を代表するものはピエール・キュリー氏の業績ではなかったろうか。さりげなくいわれたあの講義のことばの中に、キュリー夫人のかぎりない感慨がこめられているのを知った人は、だれもいなかったであろう。がらんとしたうすぐらい車室の中で、キュリー夫人は目頭ににじんでくる涙をそっとぬぐった。

ソーの家に帰って子供たちに接吻し寝室に送りこんだキュリー夫人は、義父のキュリー医師と、カミエンスカの三人でひっそりと晩餐をとった。食卓の上におかれた郵便物を持って、客間の暖炉の前のいすに腰をおろす。ペーパー・ナイフで封を切って一つ一つていねいに読む。中に一通アメリカからきたのがあった。

「キュリー夫人。お会いしたこともないわたしから、ぶしつけにも手紙をさしあげることをおゆるしください。わたしはあなたさまの発見なさいましたラジウムによって、重い病気からすくわれた、まずしいアメリカの女です。下腹にがんができまして、手術も、もう手おくれということで死を待つばかりの状態でした。ところがお医者さまは、フランスの学者が発見したラジウムというものを手に入れ、それをつかいましたところ、死ぬばかりであったわたしはふたたび元気を回復いたしました。このぶんならばとうぶん危険はあるまいとお医者さまにいわれるまでになりました。そしてお医者さまは、このラジウムのつくりかたをキュリーという発見者が、一銭もお金をとらずに、アメリカばかりでなく世界の人に公開なさったこと、そのキュリーさんが近ごろ電車にひかれておなくなりになり、いっしょに研究した奥さまだけがのこされて、同じお仕事をつづけていることなどを、わたしに話してくださいました。わたしはそのような悲しいめにあわれたあなたさまに心からの感謝を送ると同時に、あなたがたのお力によって生命をすくわれた人が、この全世界にたくさんあることを知っていただきたくてペンをとりました。

　どうぞおからだをたいせつに。あなたさまも悲しみに負けず、いっそうのご努力をお願いいたします。」

封筒には「フランス・パリ・キュリー夫人」とだけ書いてあった。

「よくこんなあて名でわたしのところまできたものね。」

キュリー夫人はつぶやいた。キュリー夫人と書くだけで、あて名もなしに手紙が全世界のすみずみからとどくほど、もう有名になっているのを知らないのは、キュリー夫人自身だけであったろう。

ほんとうに考えられもしなかったキュリー氏の死ではあったが、そののこした仕事が世の中の人に、これほどまでに喜ばれているのならば、冷たい土の下でキュリー氏も満足するかもしれない。そう思ってマリ・キュリー夫人の心はいくぶんかるくなった。

「おとうさん、この手紙を読んでごらんなさい。そうだ、カミエンスカ。あなたがおとうさんに訳してあげてちょうだい。」

キュリー夫人は、カミエンスカが、その英語の手紙をキュリー医師に訳している間、じっと暖炉の火の燃えるのを見つめていた。

「マリや、こういう手紙こそ、うれしいね。」

感動して涙さえ浮かべたキュリー医師がいった。

「このように、たいして教育もなく、金もない無名の婦人が、外国人にこうした手紙を書いたのはよほどありがたかったのでしょう。

わたしたちは、ラジウムのために多くのものをぎせいにし、苦しみました。けれど、このような素朴な手紙にこめられた感謝の心は、わたしたちの苦しみをつぐなってあまりがあると思いますの。この手紙はわたしを勇気づけてくれます。

わたしはノーベル賞をもらった時よりもうれしい。」

いつもは青白いキュリー夫人の頬も喜びに燃えるようであった。

第九章　世界のマリ・キュリーへ

二度めのノーベル賞

最愛の夫を失った悲しみは、「時」というものがすこしずつではあったがうすらげてくれる。それに娘たちも大きくかわいくなった。また、いつまでも悲しみの中にとじこもってばかりいられない。多くのなすべきことがあった。キュリー夫人はピエール・キュリー氏をふくめたふたりぶんの仕事をせねばならなかったからである。

ソルボンヌの講義、キュヴィエ街の研究、それに一時はことわったのであるが、女生徒のせつなる願いではじめられた、セーヴルの女高師の講義。キュリー夫人は、からだがいくつあってもたりないくらいであった。はじめは講師であったが、ソルボンヌの教授に一九〇八年になったので、講師の時にはなかった、教授としてのいろいろな義務（学位の審査や教授会の出席など）がさらにキュリー夫人をいそがしくさせた。

そうした中で、キュリー夫人は放射能の講義を、ピエール・キュリーの思い出のために出版した。千ページに近いこの大きな書物の中には、放射能学に関するエッセンスがつめこまれてあった。そしてその序文にキュリー夫人は、ま心のあふれる文章を書いたのである。かの女はもう四十三歳になっていた。ない夫を思ってキュリー夫人は、つぎのように書いた。

「ピエール・キュリーの晩年は、その業績の点でひじょうにみのりゆたかであった。かれの知能は、その実験的な熟練と同じように、その最高点にたっしていた。かれの生涯に一つの新しい時代がひらけようとしていた。それは前よりももっとかっぱつな、あのすばらしい科学的生涯が、とうぜんにたっするはずのものであった。ところが運命の神はそれを望まず、ピエール・キュリーは事故により死んだのであった。われわれは、運命の神の、われわれには理解できない決定の前に、頭をさげざるを得ないのである……。」

その厚い本の初版を、キュリー夫人は暖炉の上の、ピエール・キュリーの写真の前にささげたのである。

キュヴィエ街の放射能研究室には、研究生がどんどんとふえていった。一九〇七年に、ラジウムの製造方法を無料で公開した、キュリー夫人にたいする感謝をこめて、アメリカのカーネギー財団はキュリー夫人に多額の金を贈り、キュヴィエ街の研究室は広くなり、完備していった。放射能のことを研究するには、全世界にここよりほかに研究室はないのであるから、研究生のますのはあたりまえであったといえよう。それらの指導と監督のために、ピエール・キュリー氏の弟子であり友人であった、アクチニウムを発見し、世界に名を知られたアンドレ・ドビエルヌが万事を処理していた。

キュヴィエ街の研究室のキュリー夫人のへやで、夫人はドビエルヌと話しあっていた。

「ドビエルヌさん。わたしはあなたと協力してラジウム塩、とくに塩素との化合物、塩化ラジウムをつかって、ラジウムの原子量の精密測定をやり、これは先週科学学士院の例会で報告しましたから、これでかたがついたわけです。けれど、わたし長い間の夢ですけれど、塩化ラジウムや、臭化ラジウムでなく、金属ラジウムを手に入れることができないものかしらと思っていますが……。」

「そうですねえ。実際問題として、放射能を利用するという点からは、純粋の金属ラジウムも、化合物である塩化ラジウムもべつにかわりはないわけです。なぜならば、放射能というものは、どんな化合状態にあっても、ラジウム一ミリグラムあたりの力には変化がないわけですから。奥さまがむかしなさったように、放射性物質の放射能は、煮ても焼いても変化がないということです。

　しかし、ここまで純粋な塩化ラジウムをつくったのですから、もう一歩をすすめて、化合している塩素をのぞいて（還元）純粋の金属ラジウムを得ることは、純学術的にいっておもしろい仕事だといえましょう。やってみましょうか。」

「ドビエルヌさん、それはむずかしそうですよ。どういう方法で還元作用をさせるかが。」

「すこし考えてみましょう。アルミニウム金属を、酸化アルミニウムの還元によって得ることは不可能と考えられていたのに、それができた時代ですから、塩化ラジウムだって還元できないことはありません。奥さん、すこし考えさせてください。」

ドビエルヌはキュリー夫人の協力によって、このむずかしい仕事を何年かかかってやりとげたのであった。

また、一方において、ラジウムを医療に用いることが全世界にひろまったために、キュリー夫人はラジウムの出すエマナチオンを測定して、ラジウムがどのくらいふくまれているかを定める方法を見いだした。これは温泉などで放射能のあるもの（日本では三朝〈鳥取県〉や増富〈山梨県〉が、ラジウムとしてどのくらいふくまれるかを検定する方法で、今日キュリーという単位をつかっている。ちょうど長さをメートル、重さをグラムではかるように、放射能温泉などは、キュリーでそのつよさがはかられるのである。

このようにキュリー夫人は、学術の世界で、自由にのびのびと仕事をしている時に、友人たちから科学学士院の会員に立候補することをすすめられた。女性が科学学士院にはいろうとするのは、学士院の歴史はじまって以来のことなのである。べつに学士院にあこがれを持っていないキュリー夫人はこれをことわったが、友人たちのせつなるすすめによって、しぶしぶと立候補した。

ところが、キュリー夫人の悪口をいう人がきゅうにふえてきた。

「女が学士院会員になろうなどとは、もってのほかのことだ。」

「キュリー夫人は、フランス人ではない。ポーランド人ではないか。そういう人を会員にすることはできない。」

「キュリー夫人は神を信じていない。自由思想家である。カトリック国であるフランスの学士院に、そういう危険思想を持った人を入れることはできない。」

「いままで女が学士院会員になったことは、一度もなかった。前例は尊重しなければいけない。」

こうした声にたいして、キュリー夫人の友人たちは、そういう考えかたのまちがっていることを、つよく主張するのであった。一九一一年一月二十三日の選挙の日、ピエール・キュリーが馬車にひかれたドーフィーヌ街のすぐそばにある学士院は、たいへんな騒ぎであった。キュリー夫人は一票の差で落選してしまった。しかしキュリー夫人は、そんなことは気にもしないのであった。もともと希望もしないことであったので、落選したところでかの女には、いたくもかゆくもなかったのである。

それから一月たった二月二十五日、キュリー夫人は厚い外套を着、大きな花たばをかかえてソーの墓地に行った。門をはいってだらだら坂を登って行くと、大きな菩提樹がある。ここを右に折れてすこし行くとキュリー家の墓である。義母と、ピエール・キュリーの墓標に並んで、ま新しい墓がある。義父のコージェーヌ・キュリー医師の墓である。

この元気な、心のまっすぐな老人は、イレーヌやエーヴのよき主治医であり、家庭教師であったが、一年前の二月二十五日に肺炎で死んだのであった。キュリー夫人はその墓の前にひざまずいて、しばらくの間だまって頭をさげていた。

この同じ年、一九一一年の十一月に、キュリー夫人は足どりもかるく、ソーの家に帰って来た。イレーヌとエーヴが迎えに出る。キュリー夫人はにこにこしながらイレーヌを抱きしめていった。

「イレーヌ、おかあさまにうれしいことがあるのよ。なんだかあててごらんなさい。」

「ペランのおじちゃまから、なにかいただいてきたの。」

「ううん、そうじゃないの。おかあさまはね、ノーベル賞をもらうことになったのよ。」

「あら、おかあさまは前に一度ノーベル賞をもらったじゃないの。一度もらえばたくさんでしょ。」

「ノーベル賞というものは、一度もらえばよいのだけれど、おかあさまがよく勉強したといって、もう一度くれたの。」

「そう、それじゃ学校でくれるごほうびみたいなものね。」

　このことばにキュリー夫人は笑った。ストックホルムからの電報が、ノーベル化学賞をキュリー夫人に与えるということを知らせてきたのである。

　マリはポーランドのザコパーネのサナトリウムをやっている、姉のブローニャをさそった。そして、イレーヌをつれて、ストックホルムに出発したのである。

ノーベル賞はじまって以来、ひとりの人、それも女性が、二回もノーベル賞をうけるのははじめてのことなのである。いたるところで大歓迎であった。

キュリー夫人は、規定の公開講演のはじめにつぎのようにのべて、なきピエール・キュリーの思い出をあらたにしたのであった。

「講演の主題にはいります前に、わたしは、ラジウムとポロニウムの発見は、わたしとピエール・キュリーとの共同研究によってなされたことを申しあげておきたいと思います。放射能の領域においてなされた基本的な研究は、ピエール・キュリーがひとりで、あるいはわたしが他の弟子と協同して、なされたものです。

ラジウムを純粋な化合物の状態で分離し、そしてその特徴から、これを新しい元素であることを決定するための、化学上の研究はわたしがやったのでありますが、しかしこれもピエール・キュリーとの、共同の業績と密接な関係をもつものであります。ゆえにわたしは、自分のうけます高い栄誉の最初の動機が、この共同研究の中にあり、したがってこの栄誉はピエール・キュリーの名をたたえることを意味すると理解することが、科学学士院のお気持を正しく判断するものであると信じます。」

こうしたキュリー夫人の頭の上に、雨のように名誉がふりかかってくる時、長い年月の放射能の研究によりキュリー夫人のからだは、よわりきっていた。今日でこそ、放射能がどういうよい効果とともに害を持つかは、だれでも知っている。しかし、その放射能を見いだしたキュリー夫人は、知らず知らずの間に、放射能の害を全身にうけてしまっていたのである。悪性貧血ばかりでなく、腎臓もおかされている。キュリー夫人は友人たちに助けられて、イギリスの海岸にある別荘に、子供ふたりをつれて長い養生に行くことになった。

戦火の中へ

「わたしの愛するマーニャ。

このごろのポーランドは、むかしのそれとはずいぶんかわったことはよくごぞんじですね。ロシアはポーランドにたいし、むかしにくらべてとても寛大になりました。それだからこそ、むかしだったら考えることもできなかった科学協会がワルソーにつくられ、マーニャを名誉会員にしたり、ポーランドの教授たちが、パリまでキュリー夫人に会いに行けるようになったのです。こんど、ワルソーに放射能研究所が建てられ、その所長に、マーニャ、あなたを呼びもどそうという計画のあるのを知っていますか。

わたしは、マーニャがむかしにかわらず、ポーランドを愛し、ポーランド人の幸福を願っているのを知っています。しかしながら、マーニャの才能を見いだし、マーニャを愛し、今日のキュリー夫人をつくってくれた人の生まれたフランスを愛することも知っています。そして、どんなことがあろうとも、その人の永遠に眠っている土地をはなれないことも知っています。

けれど、その放射能研究所の開所式には、ぜひワルソーに来て、ポーランドの学者たちをはげましてください。かれらはマーニャをポーランドの土地へ、とりもどしたがっているのだけれど、わたしはそんなことは不可能だといっています。しかし、開所式にだけは来てくださいね。」

長い養生のあとで、姉のブローニャからの手紙は、キュリー夫人を喜ばせた。夫人はワルソーに行った。そして「ポーランド語」で演説をした。ロシアの役人たちは、それを見て見ぬふりをしたのである。キュリー夫人ともなれば、かれらにはどうすることもできなかったのであろう。

その日、パリ大学総長リヤール氏は、なんだか、そわそわあわてていた。あたふたとソルボンヌの正面玄関を降りると、とびらを開いて待っている自動車の運転手に、

「パスツール研究所。」

といった。

自動車はゆっくり、サン・ミシェル大通りを上り、右に折れてモンパルナスに向かう。パスツール研究所は、モンパルナスの駅のすぐ近くにあった。

リヤール総長は、いそぎ足で所長室にはいって行く。大きな机の向こうに、小がらな老人がすわっていた。

あいさつもそこそこにリヤール総長は用件をきりだした。

「じつは、ルウーさん。あなたの研究所でラジウム研究所を建てる計画があるのですって？」

「リヤールさん、またどうしてそんなことを知っているのですか。これは、ごくひのことで、外には知られないようにしているのですが。」

「ラジウム研究所をつくるとすれば、とうぜんキュリー夫人を招くことになりますな。」

「ほかに適任者がないいじょう、もしそういう案が実現するとすれば、キュリー夫人をこちらの研究所に招くことになりましょうな。問題は、キュリー夫人が、承諾されるかどうかです。」

「パスツール研究所の名声と、りっぱな研究設備があれば、キュリー夫人も心を動かすでしょう。おはずかしいしだいですが、ソルボンヌとしては、キュリー夫人をあまりたいせつにしていなかったのです。」

「それでリヤールさん。あなたのご用件は。」

「それはこうなのです。キュリー夫人がりっぱな設備を持って、よき仕事をなさるのには、わたしとして大賛成です。しかし、ソルボンヌとしては、キュリー夫人を失いたくはありません。そこでご相談したいのは、ソルボンヌとパスツール研究所で、半分ずつお金を出しあって、共同でキュリー夫人のために、ラジウム研究所をつくったらどうでしょうか。その中に二つの部をおいて、一方は「放射能の基礎研究」他は「ラジウム療法」とすることです。これならば、パスツール研究所としても、ソルボンヌとしても、そしてまたキュリー夫人としても、満足であろうというのです。」

「お話はよくわかりましたが、パスツール研究所は、自分で基金を持っており、いますぐでも金は自由に出せます。しかし、ソルボンヌとしては、これから文部省と交渉して、議会を通さなければならないでしょう。いつのことになりますやら。」

「そこでお願いがあるのですが。パスツール研究所として、たとえば五十万フラン出すから、ソルボンヌも同じ額だけ出すようにと、あなたが文部省にいってくれませんか。もちろん、わたしは総長として、正式な方法で願い出ますけれど。」

「そうですなあ。」

ルウー博士は、ひげだらけのあごをなでながらしばらく考えた。

「そうしましょうか。じつはリヤールさん。わたしのほうでは、設計図までできているのですよ。」

「ルウーさん、それはひどい。」

帰りの自動車の中のリヤール総長は、上きげんであった。

キュリー夫人はきゅうにいそがしくなった。パリ市会の議決によって、高等師範の前の道路はピエール・キュリー街となったが、そこの空地に、ラジウム研究所ができることになったのである。れんが工がれんがをつむ。左官が壁をぬる。だいくが屋内のとびらや壁板をはる。そうした中へ、キュヴィエ街の研究室から、キュリー夫人は毎日のように行って工事の進みぐあいを見るのであった。

一九一四年七月、このラジウム研究所は完成した。ラジウム研究所と金文字で書かれたりっぱな建物を見て、キュリー夫人は泣きそうになった。ピエール・キュリーが生きていてこれを見たならば、どんなにか喜ぶことであろうと。

この年は運命の年であった。あまり遠すぎるので、ソーをひきはらってパリのベテューヌ川岸に、小さなアパートを借りていたキュリー夫人は、子供たちを夏休みのためにブルターニュに送った。

しかし、その八月二日にはドイツ軍が宣戦の布告もなしに、フランスに攻めて来たのである。第一次世界大戦が勃発したのだ。ポーランドはすべてドイツ軍に占領されてしまった。キュリー夫人の研究室の人たちはみな兵隊として出征していく。

キュリー夫人は、女の身でありながら、なにかここでフランスの役にたちたいと思った。それも自分の経験を生かした、だれもまねのできない方法で役にたちたいと思った。そして考えついたのがＸ線なのである。

Ｘ線は肉体を透視して内部の状態を見ることができる。戦争には創傷というものはかならずあり、それは砲弾の破片や、銃弾によっておこされることが多い。それでＸ線をつかって傷の状態を見ることが手術のうえからも必要なのである。キュリー夫人はさっそく、大学の研究室や病院で、Ｘ線の装置を持っているところを調べて表をつくった。また、Ｘ線発生装置を製造している会社をたずねて、その製産台数を調べた。これらの装置を動かす技術者は、教授や学者の中からえらべばよい。野戦病院のように、いつも移動している治療施設のために、大

型のトラックの上にX線装置をのせた移動X線装置をつくらせた。マルタ会戦の負傷者たちの治療のために、これらの装置は大きな役わりを演じたのである。

キュリー夫人は、移動X線班の班長となった。電話さえあれば、どんな危険なところへもそのX線自動車を持って行く。

青白く光る蛍光板の中に、骨にくいこんだ砲弾の破片がすぐに現われる。軍医はそこをメスで開き、破片を取り出し、じゅうぶんに消毒をして傷口をぬう。

むかしであったならば何時間もかかる手術が、わずか二十分ぐらいでおわってしまう。このようにしてキュリー夫人のつくったX線班が救った生命は、のべ百万にもたっするであろう。キュリー夫人は、自分で自動車を運転した。自分でX線装置を操作した。そして、ま冬の寒い風の中で、自動車の運転台に毛布にくるまって寝るのである。

大戦の間、キュリー夫人はフランスの国じゅうをその自動車で、ほねみをおしまず駆けまわった。そうした間に、パリは危機をだっし、イレーヌとエーヴはベテューヌ川岸の家に帰った。キュリー夫人がこの家に帰ることはまれであった。

「あら、おかあさん。お帰りなさい。お疲れでしょう。」

　イレーヌがひさしぶりで見る母に、喜んでとびついて来た。むっつりとしたキュリー夫人は娘にかるく接吻を返す。

「からだのぐあいがわるいのじゃない？」

「それがね、イレーヌ。フォルジュからの帰りにね、運転手が若い経験のない兵隊なので、きゅうカーブをきりすぎて、車をひっくりかえしてしまったのよ。わたしの上に、いろんなものが落ちてきて、からだのふしぶしがいたくていたくて。」

　イレーヌはいそいで母の着物をぬがせて、ベッドにつれて行った。

「ああ、いたかった。」

　キュリー夫人はベッドに横たわって安心したような声を出した。

「それでおかしいのはね、その兵隊はすっかりあわててしまって、わたしがいろいろな箱の下にぐったりなってのびていたら、『奥さん、奥さん。おなくなりになりましたか。』だって。死んだ人が、へんじのできるはずがないでしょう。それにわたしに、『おなくなりになりましたか。』ですって。いなかから出て来た男で、ことばのつかいかたも知らないのよ。だけど、すっかりきょうしゅくしてしまって、わたしがむっつりしていると、なにかとおせじをいうの。わるい男ではないね。」

キュリー夫人はきげんをなおして、低い声で笑った。そしてすやすやと眠りだした。疲れているのだろう、そう思ったイレーヌは足音をしのばせて寝室を出て行った。

イレーヌは、とくいだった。キュリー夫人がまるで友だちにたいするような調子で話しかけてくれる。やがてX線装置の操作の方法も教えてくれるといっている。そうなれば、特志看護婦みたいに、病人のせわをすることもできる。イレーヌは十七歳になった自分のねまき姿を、ほこらしげに鏡に写して眺めるのであった。かの女にとって母親ほどえらい人はなかった。その人といっしょに、もうすぐ働くことができるのである。ベッドにはいったイレーヌは胸がどきどきして、なかなか眠れなかった。

休戦

戦線もだいたい固定して、たいした戦闘もなくなったので、キュリー夫人はラジウム研究所にもどり講義をはじめた。それは放射線技術者の養成のためのもので、イレーヌは白い実験着を着て母の助手をつとめることになった。

この仕事は、一九一六年から一九一八年の休戦の日までつづいた。その間に養成された放射線治療のための看護婦は百五十人にものぼったのである。イレーヌは、かいがいしく母を助け、人々からは愛された。

「おかあさま。戦争はいつおわるのでしょう。」

イレーヌは母に問いかけた。ラジウム研究所の中庭の大きな菩提樹の下なのである。キュリー夫人はこの木かげがすきで、ひまがあるとよくこの下に来ては休むのであった。

「いつおわることかねえ。たくさんの人を殺し、多額の金をつかい、それでなんの得るところもない。どうして人間は戦争などするのだろうか。そしてそれを、いつまでつづけるのだろうか、わたしにはわからない。」

「けれど、戦争によって、X線の治療とかラジウム療法が、その必要なことを認められたということはないかしら。」

「イレーヌのように考えれば、おまえのよく知っているランジュヴァンは、音響の反射をつかって、海の深さを正確に早く知る器械をつくるとか、飛行機が発達するとかいうことはある。けれど、そうした発明が、何百万という人を殺す罪悪を消すことはできないよ。考えてごらん。ランジュヴァンの発明だって、戦争がなくともかれはいつかはやっただろう。飛行機だって同じことだよ。わたしは、いかなる種類の戦争にもぜったいに反対する。ごらん。このラジウム研究所は、いまがらんとして人気もない。ここで人類のために働いていた、すぐれた頭脳を持った人が戦場に出て、もうその何人かは戦死してしまっている。こんなもったいないことがあるだろうか。」

キュリー夫人は涙ぐんだ。戦死したグヌィーシュのことを思い出したのである。この若いポーランドの科学者は、ワルソーの放射能研究所から派遣されて、キュリー夫人のところで勉強していた、頭のすぐれた若者であった。

「グヌィーシュのこと、イレーヌも思い出すでしょう。あのように快活でだれからもすかれ、豊かな才能を持って、前途に大きな期待を持たれていたのに、それが鉄砲を持ち戦争にかり出され、虫けらのように死んでしまうのです。こんなざんこくなことがありますか。」

その時、ポーと長く尾をひいたサイレンが鳴った。

「おかあさま、空襲よ。防空壕にはいらなければ！」

「わたしはいいよ。イレーヌ、早く避難をしなさい。」

「おかあさま、そんなことといってはだめよ。たいせつなからだですわよ。さあ、いっしょに避難しましょう。」

そうしている間に、高射砲を打つ音が聞えてくる。ツェッペリン飛行船が来たのであろうか。それとも飛行機だろうか。

イレーヌはかかえるようにして、キュリー夫人を防空壕の中につれこむのである。

たんかで負傷兵が運ばれて来た。イレーヌは看護婦とともに負傷者を台の上にのせる。

「右の大腿部の負傷ですね。」

そうたしかめてから、右足を動かないように固定した。負傷兵はおどおどし、青ざめた顔をしてあたりを見まわす。いままで見たこともないような、みょうな形をした器械が並んでいる。モーターがうなり、ぱちぱちと、たえず青白い色をした火花が散っている。まるで地獄へでも入れられたようである。

電気が消されると、負傷兵は泣きだした。

「いやだよう、なにをするんだ。いやだよう。」

イレーヌは、いそいで負傷兵のところにかけよる。

「しずかにしていらっしゃい。いたくもなんともないのよ。あなたのからだの中にはいっている破片がどこにあるのか写真をとるの。もうすぐおわります。しずかにして。」

イレーヌは負傷兵のごつごつした手をとる。若い娘に手をとられた負傷兵はしずかになった。

「はい、おわり。スイッチをきってちょうだい。ほら、いたくもなんともなかったでしょう。あとで、あなたのからだの中の破片を見せてあげるわね。」

それから一時間ばかり後、たくさんベッドの並んでいる病室の中で、さっきの負傷兵が、まだぬれているX線写真を眺めて感心していた。

「へえ、これがおれの足の骨だね。ここのところに白いぎざぎざが見える、これが砲弾の破片かね。おい見ろよ。からだの中がこんな写真にとれるのだぞ。」

その兵士は、とくいそうに、周囲を見まわすのであった。

耳をつんざくような砲声である。パリ全市の教会の鐘の音が、カランカランと高らかにひびく。キュリー夫人は研究所からとび出した。

「戦争はおわった、戦争はおわった！」

小使いも、門衛も、キュリー夫人も、イレーヌも、抱きあって喜んだ。

「ねえ、研究所を国旗で飾りましょうよ。」

キュリー夫人の声に、研究所の事務をやっているレージェー氏がこまった顔をした。

「研究所には国旗の用意がないのです。」

「じゃあ、クラン。あなた町でさがしてきて。」

助手のクラン嬢がいそいで駆けだしたが、やがてがっかりした顔をして帰って来た。

「どこをさがしても、国旗は売っていないのです。」

「それじゃあクラン。わたしたち協同で大いそぎでつくりましょうよ。」

そうじ婦のバルジネまでがはりきって、ありあわせの白、赤、青の布地で国旗をぬって窓からたらした。

キュリー夫人は、なにかじっとしていられない気持であった。

「クラン、自動車で外に出てみない？」

「外はたいへんな人ですよ。それに運転手もいませんし……。」

「運転ならぼくがします。」

若い医科大学の学生が申し出た。

キュリー夫人はクラン嬢と、古ぼけたX線治療車に乗りこんだ。町はたいへんな人で、みな、ばんざい、ばんざいなのである。

自動車はゆっくりとサン・ミシェル大通りを下り、セーヌの橋をわたってリヴォリ街を上る。どの家も窓から国旗を出している。道を行く人も、うれしさを満面にたたえて、なにか叫んだり、大声で笑ったりしている。赤十字のマークのついた、ぼろぼろのキュリー夫人の自動車は注目をひき、

「ありがとう、おかげで勝ったぞう。」

などという声もする。

コンコルドの広場から、シャンゼリゼーに出ようとしたのだが、コンコルドの広場は人の波である。マルセーエーズを歌い、演説をし、はくしゅをする。キュリー夫人もすっかり興奮していた。

自動車はラジウム研究所にもどった。キュリー夫人は所長室にはいって、いすに腰をおろした。疲れていた。しかしその疲れは大きな喜びのための疲れであった。灯火管制もない、あかあかと電灯をつけたへやをめずらしげにキュリー夫人は見まわした。ガラス戸だなの中には、仕事を途中でやめて戦場に出て行った研究者たちの中絶した実験の記録がある。キュリー夫人はそれを出してみた。

α線の性質、β線の種々なガスの中の動作、γ線の悪性な病気にたいする

効果、そうした実験がぜんぶ途中でやめられたままである。さいわいに、ラジウム研究所の所員の中で戦死したのはグヌィーシュのほかにふたりあるだけである。その人たちがぞくぞくと帰って来るであろう。

キュリー夫人は所長室を出て、実験室にはいった。がらんとしたほこりっぽい広間。いつもならば、たとえ、夜になってもいそがしく実験をしている人があるのに、戦争はそういう人たちをすべて戦線にかり出してしまっている。その人たちが帰って来る。ちゃんと準備をして、帰って来たらすぐに仕事をはじめられるようにしなければ。……キュリー夫人は、実験室の戸だなの試薬を調べた。たいせつな試薬でかけているものがたくさんある。これを早くそろえなければならない。

助手のクラン嬢は、キュリー夫人の姿が所長室に見えないので、実験室まで来て、はっと立ちどまってしまった。ノーベル賞を二度ももらったこの科学者が、せっせと実験台をぞうきんでふいている姿を見たからであった。

第十章　あとにつづく者たち

幸福な晩年

戦争はおわり、研究者たちが帰って来て、ラジウム研究所は、あの勤勉なはちの巣のように、うなりをたてて働きだした。

キュリー夫人は幸福であった。ノーベル賞でもらった多額の賞金は、国債や寄付につかい、その国債の価値もさがって、いまはまったくなにひとつ財産らしいものがなくなってしまったけれど、キュリー夫人の理想を追い、そのあとにしたがってくる人が日々にふえていくからである。

パリのラジウム研究所には、世界じゅうから放射能の研究をこころざす若い学者が集まって来た。そういう外国人のめんどうをみてやり、新しい学問である放射能学の手ほどきをする。これらの人々がそれぞれの国に帰って、キュリー夫人のまいた種をそだてていく。それを思うだけで、キュリー夫人は満足であった。

そのころアメリカに招待されたが、大歓迎であった。南米にも、イタリアにも行った。それになんといってもうれしかったのは、祖国ポーランドが独立したことであった。幼いころからそのことのみを思いつづけていたのが、第一次世界大戦の結果、とうとう実現したのである。

キュリー夫人は、ワルソーに、もはん的なラジウム研究所を建てたいと思った。それもポーランド人ぜんたいの協力によって、協力しようという人は、れんが一個を買う分のお金を出せばよいのである。ブローニャが先に立ってその運動を指導した。

キュリー夫人の肖像の下に、「マリ・スクロドフスカ・キュリー研究所のために、一個のれんがを!」と書いたポスターが、ポーランド国じゅうにはられた。「ワルソーへラジウム研究所を創設したいのが、わたしのつよい念願です。」と、キュリー夫人がポーランド語で書いた肉筆の複製をしたはがきが、いたるところに送り出され、その運動は、国からも、ワルソー市からも、多くのポーランドの各種団体からも支持された。

一九二五年には、費用の見とおしはついた。そしてキュリー夫人は、定礎式のためにワルソーに行った。がいせん将軍を迎えるような大歓迎であった。

「マーニャ。やっとラジウム研究所の建物と内部設備はできたけれど、よくここまでできたとわたしは思うわ。」

「これはみな、ブローニャ、あなたの努力のおかげよ。」

「だけどわたしには心配なことが、一つあるの。それは、ポーランドはずっと、ロシアの支配のもとにあって、その富のほとんどを吸いとられてしまったでしょう。こんどの戦争でも、戦場になったところが多く、その復旧にたいへんなお金がかかります。それでも、マーニャの呼びかけに応じて、ラジウム研究所ができたのですけれど、ポーランド人にとってこれだけで手いっぱいで、これ以上は、どうにもできないと思うの。」

「拠金の状態はどうなの。」

「それよ。このごろ、拠金の申しこみがへるばかりで、このままではラジウムを買い入れるお金など、とても集まりそうもないのよ。」

キュリー夫人は考えこんでしまった。夫人もブローニャのいうことは、ほんとうだと思った。ラジウム研究所以外に、なすべきことがポーランドにはありすぎる。

「ブローニャ、そのことについては二、三日考えさせてよ。」

キュリー夫人はいった。

その翌朝キュリー夫人は、ワルソーを流れるヴィスツーラ川のほとりを、ひとりで歩いていた。夏の日は明かるく、朝もやがすべての風景をやわらかくぼかし、広い川床を、青い水はゆっくりと流れている。砂州がところどころにあらわれ、白い砂は朝日にきらめいている。

水鳥が鳴きかわしながらとんでいる。その声が遠くに消えて、まるで真空の中にいるように、なんのもの音もしない。岸のやなぎの若葉がきらきらと光る。

キュリー夫人は、川岸の石の上に腰をおろした。ああ！　美しい祖国ポーランドよ。子供のころはよく姉たちと遊びに来たところだが、川の姿はすこしもかわってはいない。

しかし、幼いマーニャ、マニューチカは、いまこうして六十をすぎたマリ・スクロドフスカ・キュリー夫人になってしまっている。

この地上のあらゆる生物は、おそかれ早かれ死んでいく。だが、科学上の業績、これは消えることはないであろう。この道において、ささやかながらも人類に貢献する仕事をなし得たことは、なんといっても幸運といえよう。

そんなことをぼんやりと考えていたキュリー夫人の頭に、メロニー夫人の名が浮かんだ。

「そうだ。メロニー夫人に、もう一度お願いしてみよう。アメリカには、ポーランドの移民も多いのだから、お願いすれば聞きとどけてくれるにそういない。」

メロニー夫人は、全アメリカ人の感謝をこめた拠金運動を組織して、キュリー夫人に一グラムのラジウムを贈ってくれたアメリカ人なのである。

「早く手紙を書かなければ……。」

メロニー夫人は、キュリー夫人のたのみにりっぱにこたえてくれた。ワルソーのラジウム研究所はその活動を開始することができたのである。

一九三二年五月、キュリー夫人はブローニャとともに、ラジウム研究所の開所式にのぞんだ。キュリー夫人は幸福だった。

イレーヌの結婚

キュリー夫人がソーから移り住んだ、ベテューヌ川岸というのは、ノートルダム寺院のある、シテの島にならんで、その上流にあるサン・ルイ島の南岸である。古めかしい家の立ちならんだ、パリでも、もっともゆいしょのある場所である。

朝目をさませば、さんさんと太陽はふりそそぎ、セーヌ川を上下する船の、のどかな汽笛の音も聞えてくる。

キュリー夫人の生活は、イレーヌとエーヴを相手に規則正しかった。朝九時にはラジウム研究所の所長室に来て、いろいろの書類に目を通し、それから実験室をまわる。ある研究生のそばにすわりこんで、実験の進行状況をたずねる。実験の操作がへたならば、それを注意してやる。黒板の前に立って説明もする。そうしているうちにクラン嬢が来る。

「あの、ソルボンヌの教授会がはじまりますけれど。」

その声にびっくりして、キュリー夫人はふりかえる。

「そうそう、忘れていました。この問題はドビエルヌと、よく討論しておきなさい。」

そういいすてて、キュリー夫人はいそいで所長室にもどり、ぼうしと外套を持って玄関へと降りて行く。


ラジウム研究所で、助手として働いているイレーヌは、夕食の時、そっと母のようすをうかがった。いつものとおりの、平静な顔である。エーヴはなにかとイレーヌに話しかける。

「なんてこの子はおしゃべりなのだろう。」

イレーヌはそんなことを思って、エーヴへの返事もうわのそらだった。いつも気持よく相手になってくれる姉が、なにか気もそぞろであるのが、エーヴにはふしぎなのである。

食事のあとでしばらく休んでから、エーヴは隣室に行って、ショパンの練習曲をひきだした。ピアノはなかなかじょうずである。イレーヌはしずかに新聞をよんでいる母親にいった。

「おかあさま、相談があるの。」

キュリー夫人は老眼鏡をはずして、娘の顔を見た。きんちょうした顔色である。

「わたし、結婚したいと思いますの。」

「そりゃけっこうです。イレーヌも三十に近いのですから、よい人があれば賛成ですよ。だれをえらんだの。」

「ジョリオ。フレデリック・ジョリオよ。」

「あの人は、おまえより三つぐらい年下のはずだが。もっとも、年齢の差など問題にはならないが。」

キュリー夫人はちょっと考えてみた。ジョリオはランジュヴァン教授の推薦で研究所にはいって来た、ほっそりとした快活な男である。出身は物理化学校で、いちじ会社づとめをしたことがある。たしか卒業成績は一番であった。

「ジョリオの家はどういうの。」

「フレデリックの家は、古くからパリに住んでいた笛つくりよ。まったくの庶民の家ね。」

「おかあさんは賛成だよ。イレーヌは、希望さえすれば、どんな大金持とでも、どんなえらい貴族とでも結婚できる娘だと思うけれど、あの優秀なジョリオをえらんだことは、わたし賛成だよ。」

イレーヌは母の首にだきついた。

「うれしい。おかあさまありがとう。」

エーヴのひいている曲は、ショパンのマズルカである。一九二六年のある晩のことであった。


キュリー夫人は、研究所の階段の上に立って、広い実験室を満足そうに眺める。各人がいそがしそうに、それぞれの実験をしている。階段を降りて右に曲がると、小さな実験室がならんでいる。その一つのドアをあけてはいった。ジョリオが実験をしている。

「フレデリック。このまえあなたがいっていた現象を、たしかめてみましたか。くわしいことはイレーヌから聞いたけれど。」

「ええ。何度もくりかえして、まちがいのないことをたしかめました。」

「フレデリック、これは重大ですよ。放射能というものは、しぜんに存在するもので、人間がつくり出すことができないと思われていました。わたしもそう思っていました。あなたが、人工的に放射性物質をつくり出したということは、たいへんに重要な意味を持つものです。念には念を入れてください。」

フレデリック・ジョリオとその妻のイレーヌは、アルミニウムやベリウムというような軽い元素を、放射線で照射することによって、これをぜんぜん別の放射性元素にかえてしまったのである。

これが人工放射能の発見であった。

この夫妻が一九三四年に、ソルボンヌの物理学講義室で開かれる物理学会の例会で、この発見を報告した時、キュリー夫人は、満足の微笑をかくすことができなかった。

古いむかしの友人に出あうと、いつもにこにあわず、快活に話しこんだ。ラジウム研究所の研究はかっぱつであり、一九一九年から、この一九三四年までの間に、四百八十三という数の研究報告を発表していた。

その中の三十四が卒業論文や学位論文であり、キュリー夫人自身も三十一の論文を出していた。「ともかくわたしの身にどういうことがあろうとも、あとにつづくりっぱな学者が養成されつつある。まして、娘のイレーヌと、その夫のフレデリックが、自分をしのぐりっぱな業績をあげた。あとのことはなにも心配することはない。」これがキュリー夫人の気持であり、かの女を上きげんにしているのであった。


「各自がビーカーを持って、例の場所に集まってください。」

小使いがふれて歩く。白い実験着をつけた所員や、研究生たちはぞろぞろと研究所の庭に降りた。キュリー夫人がいつも休む菩提樹の木の下に、そまつないすとテーブルが並べられてあり、そこには何本かの酒のびんがおかれている。

元気な足どりで、キュリー夫人が所長室から出て、木の下のまん中のいすに腰かける。人々はそれぞれてきとうな場所にすわった。化学実験用のビーカーや蒸発皿に、シャンペンやボルドー酒がそそがれる。キュリー夫人は立ちあがってあいさつをする。

「きょうは、デルヴィル嬢の学位論文通過をお祝いします。デルヴィル嬢は、セーヴルの女高師を出てからこの研究所に来られて五年になります。りっぱな学位論文を書いたことを、わたしはほんとうにうれしいと思います。さあ、みなさんで、デルヴィル嬢の未来を祝ってかんぱいをいたしましょう。」

さかずきがほされ、デルヴィル嬢が立つ。金髪の小がらな娘である。

「キュリー夫人よりのやさしいことばをいただき、うれしく、そしてありがたくぞんじます。キュリー夫人はわたしがセーヴルを卒業して、地方の学校の先生を何年か勤める義務があるにもかかわらず、文部省に交渉して、わたしをこの研究所に入れてくださいました。そればかりでなく、わたしの生活のために、多額のお金をくめんしてくださったのです。わたしの今日ありますのは、すべてキュリー夫人のおかげなのです。」

デルヴィル嬢の声は、感動にふるえていた。あいさつがおわると、みなはにぎやかに談笑する。ジョリオがその愉快な話の中心である。パリっ子のジョリオはなかなかしゃれたことをいって、謹厳なキュリー夫人をさえ笑わせるのである。

このようにして、学位をとって巣立って行く若い学者は、キュリー夫人みずからの激励のことばをうけるのであった。

キュリー夫人の健康は、こうしている間にすこしずつ衰えていった。長い間、ラジウムから出る放射線にさらされていたために、悪性貧血になやまされ、腎臓を手術したのは、だいぶ以前のことであったが、晩年になって目が見えなくなった。そこひのような症状で、目の網膜が放射線におかされたからであろう。キュリー夫人はこれには苦しんだが、身のまわりの人にも研究所の所員たちにも、ひとこともそれをいわなかった。しかしだんだんとそれが重くなって、娘たちも母の目のわるいのに気がついた。しかし目のことをいうとふきげんになるので、あえて口に出していえなかったのである。

キュリー夫人のところへ、研究生たちがいまとったばかりの学術的に重要な写真を持って来て見せると、キュリー夫人は、見えるふりをして、さかさまに持ったりしながら見ている。研究所の人たちは気がついたが、みなでなにもいわないことにきめた。しかし、キュリー夫人自身も、このままではいけないと反省して、眼科医として有名なモラックス博士の診察をうけた。手術をすればあるていど視力は回復するかもしれないとの診断で、手術をうけることにきめた。さいわいに成功である。

「わたしはめがねをかけないで歩くくせをつけ、だいぶ進歩しました。山の小石の多い、ごつごつした小道を、二度散歩してみたが、うまく成功し、ぶじに早く歩くことができました。いちばんこまるのは、ものが二重に見えることで、そのために近づいて来る人が、よく見わけられません。それから毎日読むことと書くことを練習しています。きょうまでのところでは、これは歩くのよりむずかしいようです……。」

娘のエーヴにあてた、転地先からのキュリー夫人の手紙の一節である。

一九三三年ごろには、キュリー夫人は「放射能」という題の著書の執筆に熱中していた。それにα線の微細構造についての研究もこころみていた。朝早く家を出、夜おそくまで研究所にとどまっていた。なにかにせかされるような気持なのであろうか。それとも、自分の健康がむしばまれていることを、無意識のうちにさとっていたのであろうか。

一九三三年の暮にキュリー夫人は病気になった。X線写真の撮影によって、たんのうに大きな石のできていることがわかった。手術をきらった夫人はできるだけ養生をすることにした。父のスクロドフスキー氏が、やはり同じ病気で死んでいるからである。一九三四年の復活祭に、姉のブローニャとともに、南フランスへ自動車でドライヴし、それで熱をだした。ブローニャは子供のようにだだをこねるキュリー夫人をやさしく看護した。

回復してパリにもどったが、微熱は去らなかった。ブローニャはあとに心をのこしながらもワルソーへ帰って行った。その列車を前にして、年老いたふたりの姉妹は、プラットフォームを歩きながら、最後の接吻をかわした。その夜から、キュリー夫人は寝こんでしまったのだ。

とわの眠りに

ラジウム研究所の所員会議で、キュリー夫人の健康が問題になった。

「みなさんのご心配はありがたいのですけれど、母はあのとおり強情でして、からだのこと、健康のことになると、わたしたちのいうことをぜんぜん聞いてくれないのです。わたしのからだはわたしがいちばんよくわかるって。それでわたしからお願いしたいことは、ここにいらっしゃるルゴー先生が、とおまわしにやさしく、医者にかかるようにすすめていただきたいのですが。」

ラジウム研究所の治療部長ルゴー博士は、喜んでそのむずかしい仕事をひきうけたのである。


ルゴー博士がはいって行くと、キュリー夫人はベッドの中からよわよわしい声でいった。

「イレーヌやエーヴからたのまれて来たのでしょう。」

ルゴー博士は、ぱっと顔を赤らめた。こうまで見とおしているのなら、しょうじきにすべてをいうほうがよいと思った。そのことばをキュリー夫人はすなおに聞いた。

診察してみると、肺がすこしわるいかもしれないという専門医の診断である。

サナトリウムに送ろうということになった。イレーヌと、その夫のフレデリック・ジョリオが駅まで見送りに来た。

キュリー夫人は、このふたりが人工放射能の発見によって、キュリー家として三回めのノーベル賞をうけることを知らないままに、高山療養地として有名なサンセルモへと、エーヴにつきそわれて出発していった。キュリー夫人にとってはとても苦労の多い旅行であった。サンセルモのサナトリウムの専門医が、X線写真をとって胸を調べたが結核症状はまったくなかった。むだな旅行にすぎなかったのである。

「先生、もうだめでしょうか。」

サナトリウムのろうかで、エーヴは大きな目に涙さえたたえて、ジュネーヴから急行して来たロック博士にたずねた。

「血液試験の結果、赤血球、白血球ともに異常な減少で、悪性貧血のもっとも悪質のものと思いますが。」

「すると……。」

「まず、みこみはないと思いますが、やれるだけのことをやってみましょう。キユリー夫人はほとんど、その一生を放射性物質の中で暮らしておられたのですから、骨髄の造血機能が完全にはかいされているのではないかと、わたしは考えています。」

「肉親の者は呼んだほうがよいでしょうか。」

「危険が、きょう、あすにせまっているとは、わたしは考えません。熱も四十度あります。しかし、いちおうお知らせしておくほうがよろしいでしょう。だが、家族が集まると病人は、きとくかと思ってかえってわるいから気をつけてください。」

明かるいへやである。アルプスの山の中では六月はまだ寒い。スチーム暖房が通り、てきどに暖められている病室の中で、キュリー夫人はうつらうつらとしていた。

なつかしい声が聞える。イレーヌである。よわよわしい目を向けると、そこににこにこと微笑しているイレーヌが立っている。

「おや、イレーヌ。どうしてここへ来たの。」

「ジュネーヴ大学で放射性物質のことで聞きたいことがあるので来ましたの。その帰りに、おかあさまの顔を見たいと思って。なんだかお元気になったようね。」

「熱はあるのだけれど、気分はわるくないよ。」

「いま、先生にうかがったのだけれど、なおるかもしれないっていってましたよ。」

「早くなおって研究所に帰りたいね。」

　イレーヌは廊下に出て、声をたてずに泣いた。母のやせおとろえた顔。悲しい顔を見せないようにと、どんなに努力したことであろうか。

　七月三日の朝。検温器をいつも自分で見ているキュリー夫人は微笑した。

「熱がさがりましたよ。やはりサンセルモに来てよかったねえ。」

　看護のエーヴは、こわばった顔に微笑をうかべる。死の前兆となる体温低下で、ロック博士のおそれていたものなのである。

　意識は刻々と不明になっていく。うわごとをいう。

「各章の節は、みな同じようにしなければいけませんね。……この出版のことを

略伝

マリ・スクロドフスカは、ポーランドの首都ワルソーにおいて、中学校の教授ヴラドゥイスラフ・スクロドフスキー氏の四女として一八六七年十一月七日に生まれた。

少女時代は順調に育ったが、母を失い、女学校を卒業するころは家計はゆたかとはいえなかった。フランスに留学することを考え、その学費を貯金するために家庭教師となり、ポーランドの貴族や金持の家に住みこみ、パリに行って医学を勉教している姉のブローニャにまで毎月金を送っていた。二十四歳の時にはじめてパリに出て、ソルボンヌで物理学や数学をおさめ、よい成績を得た。

ピエゾ電気の発見者で有名なピエール・キュリー氏と知りあいになったのは一八九四年スクロドフスカ嬢が二十七歳の時である。ふたりはたがいに愛しあって、その翌年結婚し、マリ・スクロドフスカ嬢はキュリー夫人となった。

有名な放射能の研究に手をそめたのは、キュリー夫人の学位論文のためであって、当時発見されたばかりのベックレル線を研究の主題としてえらんだのには、キュリー氏の忠言が大きい役わりを演じていると思われる。

こうして、ベックレル線の本性を調べることからして、放射能ということばをつくりだし、ラジウムという放射性のきわめてつよい新しい元素を発見し、世界的に有名になった。これは一九〇二年のことである。この研究にも、キュリー氏の協力を見のがしてはならない。これもラジウムの存在を予言してから四年の後のことであった。この業績によって、一九〇三年に、キュリー夫妻はノーベル物理学賞を授与された。

ピエール・キュリー氏はソルボンヌの教授となり、キュリー夫人はその実験主任となって研究にいそしんでいたが、一九〇六年に、キュリー氏は交通事故で死んでしまったので、キュリー夫人は大学における講座をひきうけ、やがて教授となった。

それから放射能の研究をするとともに、若い研究者の養成を行った。一九一一年ノーベル化学賞をうけた。ひとりの人が二回もノーベル賞をうけたのは、キュリー夫人ただひとりである。

一九一四年から一九一八年にかけての第一次世界大戦の間は、X線装置をもって、外科治療に協力した。ラジウム研究所もつくられていたので、戦後はそこで研究者の指導にあたった。

娘イレーヌの夫であるフレデリック・ジョリオもその中のひとりで、このふたりは人工放射能という現象を発見し、一九三五年にノーベル化学賞をうけた。キュリー一家は、このようにして三回もノーベル賞をうけている。

キュリー夫人は、たえずさらされていた放射能によって悪性貧血となり、だんだんとからだは弱まった。そして一九三四年七月四日、サンセルモという高山療養所で死んだ。六十六歳である。その遺骸はつつましい葬列に送られ、キュリー氏のほうむられているソーの墓地に埋められた。

キュリー夫人の一生をつらぬくものは、不撓不屈の精神と、科学と人類への愛であった。これあればこそ、今日にいたっても、キュリー夫人の生涯が人々に感動を与えるものなのである。

この復刊本は、大日本雄弁会講談社が一九五四年（昭和二九年）に発行した、世界伝記全集（1）「キュリー夫人」を底本としました。
・文中の［　］部分は編集部が付記しました。

マリ・キュリー

二〇〇四年四月二一日初版発行

著　者　桶谷繁雄
　絵　　朝倉　摂
発行者　田中和雄
発行所　株式会社　童話屋
〒168-0063　東京都杉並区和泉三―二五―一
　電話〇三―五三七六―六一五〇
製版・印刷・製本　株式会社　精興社
NDC二八〇・二九六頁・一四八×一〇五

落丁・乱丁本はおとりかえいたします。
ISBN4-88747-042-8

「この人を見よ」発刊にあたって

童話屋　田中和雄

　今こそ、子どもたちに精神の高い偉人伝を読ませたい。子どもの本の仕事を半生してきて思うことは、子どもが幸せな人生を送るには、いい本といい大人に出合うことが大切という一事である。幸せな人生を送るとは、金儲けに長け、世の中を上手に泳ぐことではない。この世界に生まれてきた自分の意味を知り、立派な生涯を送ることである。内村鑑三は、母の膝にいる間に、力は正義ではないこと、天地は利己主義のうえに成り立っていないこと、生命や財産は、結局のところ最終目的にならないこと、を父の口から学んだという。内村鑑三の父は息子に、高度な手本を示した。言った内容も高度なら、父の存在そのものが高度だった。手本が高度なら、子どもの魂はその分高みに引き上げられる。編者が選んだのはリンカーン、二宮金次郎、マリ・キュリー、ハリエット・B・ストー、デュナンだ。人を愛し自由を尊びおごらず、どこまでも普通の人でありつづけた偉人だ。